Au point

NOUVELLE EDITION

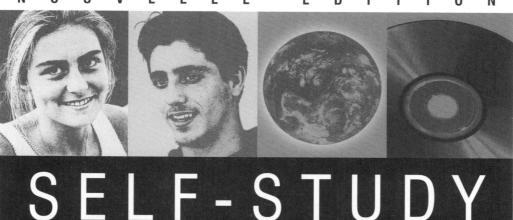

SELF-STUDY BOOKLET

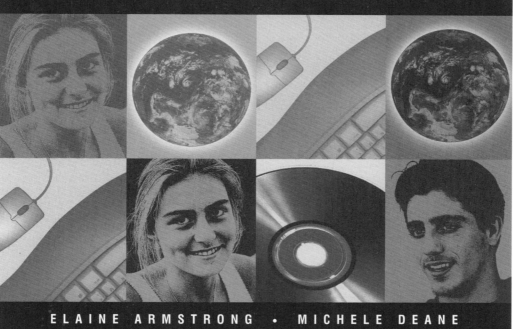

ELAINE ARMSTRONG · MICHELE DEANE
BOB POWELL · LAWRENCE BRIGGS

This edition first published in 2000 by:
Nelson

Reprinted in 2001 by:
Nelson Thornes Ltd
Delta Place
27 Bath Road
CHELTENHAM
GL53 7TH
United Kingdom

02 03 04 05 / 10 9 8 7 6 5

A catalogue record for this book is available from the British Library

ISBN 0 17 449081 X

Page make-up by AMR Ltd

Printed in Great Britain by The Baskerville Press Ltd, Salisbury, Wiltshire.

Acknowledgements

The authors and publishers would like to thank the following for their help in
producing this book: edit: Geraldine Sweeney; Edexcel consultant: Linzy
Dickinson; language check: Philippe Bourgeois; cover design: Eleanor Fisher;
concept design: Pentacor plc; photo research: Zooid Pictures Ltd

Table des matières

Etre jeune ou ne pas être jeune, voilà la question

(▤ pages 2–3)

1 ◠ **Alice, Dimitri, Sémis et Enora**

Ecoutez ces quatre jeunes, qui se prononcent sur la jeunesse. Que pensent-ils ? Notez les phrases-clé, à l'infinitif, pour chacun.

Pour Alice...		veut dire...	
Selon Dimitri...	être jeune...	c'est...	+ infinitif
Sémis trouve que...	(cela)	signifie...	
Quant à Enora, elle pense que...			

Pour ma part/Pour moi/A mon avis...

2 **Sommaires**

Relisez les opinions des quatres jeunes ci-dessus que vous avez déjà notées. Ecrivez un sommaire pour chaque personne. Puis ajoutez votre opinion. Servez-vous du tableau ci-contre.

Ah ! Les adultes !

(▤ pages 4–5)

3 ◠ **Pour nos enfants, nous sommes casse-pieds**

a Ecoutez la cassette attentivement en lisant la lettre ci-dessous. Notez les expressions dans la lettre qui ne sont pas sur la cassette. Servez-vous d'un dictionnaire pour trouver la signification de chaque expression.

Pour nos enfants, nous sommes casse-pieds. Il paraît que nous mettons des contraintes partout. Ils râlent sans cesse contre nos manies, les obligations de la vie commune : passer à table, ranger leur chambre régulièrement, ne pas accaparer la télé... Nous en prenons plein les oreilles, mais cela nous amuse plutôt. Il s'agit d'une rébellion saine, pas d'une douleur aiguë. Nous aussi, à leur âge, nous trouvions nos parents gênants. On doit même être plutôt gentils parce que, tout en clamant de leur envie d'aller ailleurs, ils ne semblent pas si mal que cela à la maison. Il faut dire qu'ils sont cinq au total, et c'est ce qu'ils préfèrent dans la vie de famille.

Leur rêve serait de vivre là, tous ensemble, libres, sans nous. Ah, si seulement les parents pouvaient fuguer... !

Geneviève, enseignante, Oise

casse-pieds (m.pl, fam)	pains, a nuisance
râlent	moan, bleat, rage
accaparer	monopolise
nous en prenons plein les oreilles (fam)	we get an earful of it
douleur (f.) aiguë	acute pain
gênant(e)	embarrassing
fuguer	run away (from home)

b Grammaire

Trouvez dans le texte ci-dessus les six expressions qui correspondent aux suivantes :

i habiter
ii s'installer
iii expliquer
iv disposer avec ordre
v monopoliser
vi se montrer

C'est quelle partie du verbe à chaque fois ?

c A vous de trouver d'autres 'manies' des parents à l'infinitif. (Voir aussi la page 1 du livre de l'étudiant.)
Exemple : faire leurs devoirs, ne pas rentrer à minuit.

d Explain briefly the parent's interpretation in this letter of her children's attitude.

4 ◠ **Les parents, contribuent-ils au bonheur des jeunes ?**

Une station de radio française a demandé aux jeunes de téléphoner pour parler de leurs relations avec leurs parents. Ecoutez la cassette et complétez les affirmations suivantes. Servez-vous des mots encadrés en-dessous.

a Selon sa mère, Christine doit .... enfermée dans sa chambre.

b Comme elle .... bien à l'école, Christine .... qu'elle a le .... de se relaxer.

c Jean-François .... le minimum pour avoir la paix.

d Nicolas .... un examen important.

e Il .... assurer son avenir.

f Les parents de Nicolas .... tout ce qu'ils .... pour rendre sa vie de tous les jours plus facile.

g Quand Anouchka ...., elle .... dire où elle .... et avec qui elle ....

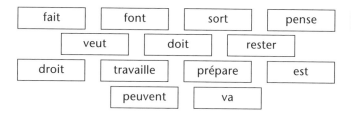

fait	font	sort	pense

veut	doit	rester

droit	travaille	prépare	est

peuvent	va

5 🎧 **Fais pas ci, fais pas ça**

Chanson de Jacques Dutronc. A votre avis, qui parle à qui ?

6 🎧 **Exercice de prononciation : les sons -ant(s) et -ent(s)**

a Prononcez ces mots tirés du texte ci-dessus :
râlent – gênants – protestant – semblent – préfèrent – parents

b Vérifiez-les en écoutant la cassette.

c Quelles sont les règles de prononciation des :
– verbes en **–ent** (troisième personne au pluriel du présent) ?
– noms en **–ent(s)** et **–ant(s)** ?
– participes présents et adjectifs en **–ant(s)** ?

Justice… Délinquance… Adolescents

(📖 pages 8–9)

7 **C'est juste ?**

Trouvez les quatre affirmations fausses sur les droits et les devoirs des jeunes et la délinquance des mineurs parmi les suivantes :

Point de grammaire

(📖 page 10)

8 🎧 **Voici une page**

Ecoutez le poème et décidez si les noms en **–age** sont masculins ou féminins. Suivent-ils la règle à la page 10 ? Apprenez-les par cœur.

Pour finir

(📖 page 10)

9 **Comment je me vois**

Lisez **Comment vous voyez-vous ?** à la page 86. Comptez vos points, puis récrivez vos résultats pour vous-même.

Exemples :
J'obtiens de 10 à 12 points : Je suis très satisfait(e)
OU
J'obtiens de 13 à 20 points : Je me vois…
OU
J'obtiens de 21 à 30 points : Je me trouve…

a Les mineurs sont âgés de moins de dix-huit ans.

b Seuls les majeurs ont le droit de conduire les grosses motos et les voitures.

c Une mineure n'a pas le droit d'obtenir une prescription contraceptive sans autorisation parentale.

d Le Tribunal pour enfants juge les délits des mineurs.

e A dix-huit ans, les jeunes peuvent voter.

f Les mineurs peuvent refuser de pratiquer une religion.

g Les mineurs de moins de treize ans sont passibles de prison.

h Le Tribunal pour enfants ne peut pas prononcer une peine d'emprisonnement.

i Les femmes ont le droit de se marier à quinze ans avec l'autorisation parentale.

j La cour d'assises des mineurs ne peut pas juger les crimes des mineurs de moins de seize ans.

Entre amis

(📖 pages 12–13)

1 🎧 **Ami cherche ami**

Francis Cabrel est un chanteur français qui chante des ballades.

Bonne influence ? Mauvaise influence ?

(📖 pages 14–15)

2 **Test : êtes-vous influençable ?**

Allez-vous dans le sens du vent, comme le roseau ? Ou résistez-vous, comme le chêne ? Bref, les influences (bonnes ou mauvaises) ont-elles prise sur vous ?

a Vous avez décidé de vous inscrire au judo :
  i Parce que votre meilleur ami s'y est inscrit
  ii Parce que vous adorez ce sport
  iii Parce qu'il n'y avait pas de place ailleurs.

b Vous suivez la mode…
  i De près
  ii D'assez loin
  iii De tellement loin que vous l'avez perdue de vue.

c Si vous étiez un animal, vous seriez…
  i Un âne
  ii Un loup
  iii Un caméléon.

On passe devant monsieur le maire ou pas ?

(📖 page 17)

3 🎧 **Débat : mariage ou union libre ?**

Ecoutez ce débat et relevez les arguments pour le mariage d'une part et les arguments pour l'union libre de l'autre (six ou sept aspects en gros).

Exemple :

	Avantages du mariage	**Avantages de l'union libre**
Fille 1		meilleur moyen d'être sûr du choix de son partenaire (avant de se marier)
Garçon 2 …		

d L'écrivain Jean-Paul Sartre a dit : «Etre libre, c'est savoir dire non.» Qu'en pensez-vous ?
  i Tout à fait d'accord
  ii A moitié d'accord
  iii Pas du tout d'accord.

e Discussion animée entre copains sur la drogue et l'alcool. Tous les copains sont contre vous :
  i Vous restez sur votre position, quitte à vous fâcher avec tous
  ii Les arguments utilisés par vos interlocuteurs vous troublent, si bien qu'à la fin de la discussion vous ne savez plus quoi penser
  iii Vous tenez compte de ce qu'on vous a dit, mais cela ne change pas vos convictions.

Résultats

Maintenant, reportez-vous au tableau en bas de la page pour calculer votre score.

5 à 10 points : Vous êtes quand même un peu trop souple, ce qui vous entraîne de temps à faire ce que vous n'aviez aucune envie de faire. Ecoutez votre conscience. Faites ce qui vous semble être bien pour les autres et pour vous-même : c'est encore le moyen le plus sûr d'être pleinement soi-même.

défendre quelles que soient les circonstances, est une preuve d'indépendance, d'esprit et de caractère.

16 à 20 points : Vous êtes déterminé(e), opiniâtre… Bref, un rien têtu(e), pour tout dire. Soyez ouvert(e) à la discussion. Sachez écouter les avis des autres, même si vous ne les partagez pas… Car les désaccords stimulent l'intelligence.

11 à 15 points : Même si vous subissez des influences, car vous êtes à l'écoute du monde, vous restez ferme sur quelques principes. Tant mieux… Avoir des valeurs, et les

	a	**b**	**c**	**d**	**e**
i	1	4	4	1	4
ii	2	2	2	2	1
iii	2	1	1	4	7

4 🎧 **Et alors ? Pratique de prononciation :**
-ai(s)(t)(ent), -é(e)(s), -er, est, -ez

Comment ça se prononce ? A vous d'essayer avant de vérifier en écoutant la cassette.
– Mon ami sait écouter.
– Vous avez vécu le divorce de vos parents ?
– Je vais vous parler des mariés âgés. En vérité, ils étaient amoureux l'un de l'autre, mais ils avaient de gros problèmes aussi. Un jour ils se sont disputés et ont décidé de divorcer.
– C'est vrai ?
– Tout à fait, vous savez.

Je retourne chez mon père

(⊞ *pages 18–19*)

5 **Métiers à risque**

a Vocabulaire : Servez-vous d'un dictionnaire pour trouver la signification des termes suivants avant de faire l'exercice ci-dessous.

b Notez-les sur Le *vocabulaire en thèmes – à vous.* (Voir 🖼 n° 16)

Exemple :

hausse (nom féminin) *increase*

au cours de	a concerné
taux	plus élevé	chez les agriculteurs
divortialité	s'accroît
niveau de formation	apparaissent
semblables	en ce qui concerne
l'écart des revenus	épouse
cadre	également

c Lisez ce texte, puis écrivez-en un sommaire en anglais en moins de 70 mots.

> La hausse du divorce au cours des trente dernières années a concerné l'ensemble des catégories sociales, mais le taux est très variable selon la profession. Il reste plus élevé chez les employés et plus rare chez les agriculteurs. La divortialité n'augmente pas avec la situation sociale du mari, mais s'accroît lorsque le niveau de formation de la femme est plus élevé. Les couples dans lesquels la formation de la femme est supérieure à celle du mari apparaissent ainsi plus vulnérables que les autres.

On observe des résultats semblables en ce qui concerne l'écart des revenus. Un patron de l'industrie ou du commerce a trois fois plus de risques de divorcer si son épouse est cadre supérieur que si elle est également patron, quatre fois plus si elle est cadre moyen, sept fois plus si elle est employée.

Jeunes, alcool, tabac, amitié et amour en chiffres

(⊞ *page 20*)

6 **Grammaire : le passé composé et les pronoms disjonctifs**

a Complétez les cinq phrases en dessous au passé composé, selon cette formule :
pronom personnel + verbe au passé composé + un pronom disjonctif après la préposition donnée.

Attention ! Les verbes dans le tableau au milieu sont à l'infinitif. Vous pouvez utiliser les pronoms disjonctifs plus d'une fois.

b Traduisez vos phrases en anglais.

Exemple :

Pronom personnel	Verbe	Préposition	Pronom disjonctif (au choix)
elle	+ aller	+ avec …	(nous)

Elle est allée au concert avec nous. *She went to the concert with us.*

Pronom personnel	Verbe	Préposition
i il +	partir +	pour …
ii tu +	descendre +	sans …
iii vous +	choisir +	avant…
iv elles +	arriver +	sans …
v ils +	parler +	pas avec … mais avec …

Pronoms disjonctifs

moi   lui   toi   vous
elle   nous   eux   elles

c A vous d'écrire encore cinq phrases au passé composé et avec des pronoms disjonctifs.

7 🎧 **Couplets de la rue Saint-Martin**

Voir le livre de l'étudiant, **Lectures**, page 89. Ecoutez le poème sur la cassette et répétez-le avec la cassette, si vous voulez.

③ Une école pour la réussite ?

L'organisation de l'enseignement en France
(⊞ pages 24–25)

1 ∩ La scolarité d'Armelle

Ecoutez la cassette et prenez des notes. A partir de vos notes, décrivez la scolarité d'Armelle.

Exemple : Armelle a commencé l'école maternelle à l'âge de deux ans et demi, puis ....

....

....

....

....

Orientation
(⊞ pages 26–27)

2 ∩ **Prononcez : je ne suis ni... ni...**

Ecoutez et répétez plusieurs fois. Attention à bien garder le rythme !

Essayez d'inventer un autre exemple sur le même modèle.

3 **Grammaire : les adjectifs**
  a Mettez les adjectifs suivants au féminin ou au pluriel, selon les indications.

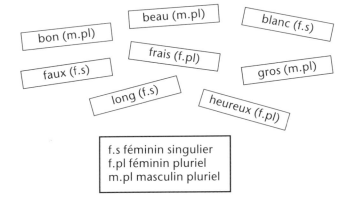

beau (m.pl)

blanc (f.s)

bon (m.pl)

frais (f.pl)

faux (f.s)

gros (m.pl)

long (f.s)

heureux (f.pl)

> f.s féminin singulier
> f.pl féminin pluriel
> m.pl masculin pluriel

  b Ecrivez une phrase en utilisant trois des adjectifs ci-dessus à ses quatre formes. Attention à la position de l'adjectif !

  Exemple : Le beau garçon s'appelle Jean.
  La belle fille a 18 ans.
  Les beaux livres sont un peu chers.
  Les robes dans la vitrine sont très belles.

Demain se prépare aujourd'hui
(⊞ page 28)

4 ∩ **En direct du studio**

Vous allez écouter deux jeunes qui parlent de leurs études et du lien entre celles-ci et un bon emploi.

Ecoutez la cassette et faites les exercices qui suivent.

  a Comment dit-on cela en français ?
  i I'm doing very specialised studies.
  ii I don't really agree with Régine.
  iii Some options will offer me more openings.
  iv It will be necessary to learn something more specialised.
  v The bosses will need to choose according to the level of knowledge.

  b Ecrivez un paragraphe sur ce que Régine et Serge pensent d'une bonne éducation et du lien entre celle-ci et un meilleur avenir. Donnez votre opinion là-dessus aussi.

Egalité des sexes au travail ?

(⊞ *page 29*)

5 Grammaire : l'impératif

Mettez ces phrases à l'impératif.

Exemple : Vous (tourner) à gauche après le cinéma.
Tournez à gauche après le cinéma.

a Nous (mettre) un pull.
b Vous (rester) à la maison demain.
c Tu (ne pas avoir) peur.
d Vous (être) prudents.
e Tu (s'asseoir) là.

Destination épreuves

(⊞ *page 30*)

6 Contrôle de vocabulaire

a Traduisez en anglais :
l'enseignement
gérer
une rédaction
former
un concours
tandis que

b Traduisez en français :
specialised
you get used to
aiming for
attracted by
equality
to improve

7 ⌢ La leçon buissonnière

Ecoutez la chanson de Jean Ferrat.

8 La civilisation, ma mère

Lisez le texte, *La civilisation, ma mère* à la page 94.

a Trouvez le sens des mots suivants dans le dictionnaire :
se balancer
menue
j'ôtais
tissés
cousus

b Répondez aux questions en français et avec vos propres mots.
i Pourquoi est-ce que l'auteur explique qu'il est revenu de l'école et qu'il avait parlé en français ?
ii Comment est la mère physiquement ?
iii Qu'est-ce qu'elle veut dire quand elle dit «de laver la bouche» ?
iv Comment est-ce qu'elle essaie d'éduquer son fils ?

(4) En pleine forme

Manger bien ou bien manger ?

(▦ pages 32–33)

1 🎧 Volet fermé : une chanson de Dick Annegarn

Le chanteur court à droite et à gauche en essayant de trouver quelque chose à manger. Il y a quelque chose de très bizarre à la fin. A vous de mener l'enquête !

Pour se maintenir en forme

(▦ pages 34–35)

2 Mini-Test : le point sur votre forme

1 Répondez, honnêtement, aux questions. Ensuite, notez vos réponses et additionnez les points pour savoir si vous êtes en pleine forme ou non. Voir en-dessous.

		oui	non
a	Vous arrive-t-il de partir en vacances sans maillot de bain ?	☐	☐
b	Pratiquez-vous un sport régulièrement ?	☐	☐
c	Reprenez-vous souvent du dessert ?	☐	☐
d	Faites-vous du vélo ?	☐	☐
e	Buvez-vous de l'eau tous les jours ?	☐	☐
f	Savez-vous combien vous pesez ?	☐	☐
g	Pouvez-vous toucher le sol avec les paumes de la main, jambes tendues ?	☐	☐
h	Grignotez-vous entre les repas ?	☐	☐
i	Vous couchez-vous après minuit d'habitude ?	☐	☐
j	Voulez-vous changer votre physique ?	☐	☐
k	Pratiquez-vous une activité pour vous maintenir en forme ? (par exemple : judo, karaté, danse, aérobique) ?	☐	☐
l	Préférez-vous une pâtisserie à un yaourt ?	☐	☐
m	Quand vous courez prendre le bus, avez-vous le souffle court ?	☐	☐
n	En boîte, passez-vous plus de temps à danser qu'à boire ?	☐	☐
o	Montez-vous facilement les escaliers en courant ?	☐	☐

Mini-Test : le point sur votre forme

a	oui = 2	non = 5
b	oui = 4	non = 1
c	oui = 1	non = 5
d	oui = 6	non = 1
e	oui = 6	non = 0
f	oui = 3	non = 2
g	oui = 6	non = 1
h	oui = 1	non = 5
i	oui = 0	non = 7
j	oui = 1	non = 3
k	oui = 3	non = 2
l	oui = 0	non = 7
m	oui = 2	non = 6
n	oui = 4	non = 1
o	oui = 7	non = 0

Résultats du Mini-Test

Si vous avez entre 15 et 35 points :
Vous n'êtes pas en forme. Ne soyez pas si gourmand(e) ni si paresseux(se). Vous risquez un avenir pas très rose. Ne restez pas dans l'indifférence. Secouez-vous !

Si vous avez entre 36 et 55 points :
Pas mal du tout. Un peu plus d'effort et vous sentirez encore mieux – et ça en vaut la peine ! Bon courage !

Si vous avez entre 56 et 75 points :
Vous êtes en pleine forme. Félicitations et médaille d'or ! Vous savez que la pleine forme, c'est la vie pleine. Essayez d'en convaincre les autres.

3 Grammaire : l'imparfait

Trouvez les exemples de l'imparfait dans la bande dessinée *Inspirez ! Expirez !* de Wolinski. Recopiez le tableau et l'exemple et faites pareil pour les quatres autres verbes que vous trouverez.

Exemple de l'imparfait	L'infinitif du verbe	L'équivalent au passé composé
Je faisais du ski	Faire	J'ai fait du ski

Voir aussi : 📐 n° 42 et 43, **4.3** et **4.4** et ✐ www.aupoint.nelson.co.uk

Vivre ou ne pas vivre avec les drogues légales et illégales
(📖 *pages 36–37*)

4 🎧 **Exercice de prononciation : les mots médicaux**

On se concentre sur les différents sons qui se suivent, le son 'ss' et le son 's'.
Répétez chaque mot deux fois.

5 🎧 **Fumer ou ne pas fumer ?**

Quatre jeunes, Fabrice, Hélène, Michel et Arem s'expriment au sujet du tabagisme. Parmi ces quatre personnes :

a Qui fume ?
b Qui fume depuis environ un an ?
c Qui ne fume pas ?
d Qui est pour l'interdiction de fumer en public ?
e Qui essaie de persuader son amie de ne pas fumer ?
f Qui accepte de fumer les cigarettes de ses copains ?
g Qui n'aime pas l'odeur de la fumée ?
h Qui a essayé d'arrêter de fumer ?

La fête en danger
(📖 *pages 38–39*)

6 🎧 **L'alcool**

Ecoutez ce que cette dame dit sur l'alcool. Transcrivez deux phrases de votre choix. Vérifiez vos réponses en lisant la transcription, page 40.

7 🎧 **La prévention du sida**

Ecoutez le passage et décidez si les phrases ci-dessous sont vraies ou fausses.

a Les lycéens du Lycée Voltaire demandent d'avoir des préservatifs dans leur établissement.
b 8% des personnes malades du sida l'ont contracté lors de leur première expérience sexuelle.
c Le distributeur se trouve non loin de la cour et il est donc accessible pour tout le monde.
d Le Ministre de la Santé aimerait que tous les lycées fassent pareil.

Destination épreuves
(📖 *page 40*)

8 **Les remèdes de bonne femme** (**Lectures** page 95)

a Que faisait la mère lorsqu'un enfant tombait malade ?
b Quelle invasion a connu l'école pendant la guerre ?
c Faites la liste de certains aliments qui faisaient du bien.
d Traduisez en anglais la section «Rose multipliait les pots... avec énergie.»

9 **Contrôle de vocabulaire**

Version : le grignotage, l'engouement, éviter, au même titre que, au cours de, prendre à la légère, le goudron, être pavée de, aboutir, le témoignage

Thème : *lungs, heart diseases, stopping, on the other hand, harmful, confidence, habits, to link to, useful*

⑤ Evasion

Choix de vacances

(▦ *pages 42–43*)

1 ◯ **L'Autostop**

Ecoutez la chanson de Maxime le Forestier.

a Sans regarder le texte, écrivez toutes les phrases dans lesquelles le chanteur utilise le pronom «on».
Exemple : on est arrivés, sac au dos, à huit heures.

b Vous êtes journaliste et vous décidez de publier un article sur cette histoire amusante. Faites un résumé des événements sous quatre titres :
le premier jour, quatre jours plus tard, quinze jours plus tard, la décision
Au besoin, consultez la transcription.

On va à l'île de Noirmoutier

(▦ *pages 44–45*)

2 ◯ **Exercice de prononciation : l'énumération**

Voici deux extraits d'interviews enregistrées à Noirmoutier.

a Notez la façon dont les personnes font une liste ou racontent une série d'événements. Essayez de répéter les phrases avec la même intonation.
b Ecrivez une liste des choses que vous faites régulièrement pendant les vacances. Commencez par : Le matin..., l'après-midi....., le soir....
c Enregistrez votre liste.

Dossier Touristique

(▦ *pages 46–47*)

3 ◯ **Exercice de prononciation : 'i' pour interdire**

Ecoutez la cassette. Répétez chaque mot deux fois.

a Le son 'i'. **Exemple :** tourisme
b Le son 'i' suivi de 'n' ou 'm', suivi d'une autre consonne, c'est un son nasal. **Exemple :** information

c Le son 'i' suivi de 'n' ou 'm', suivi d'une autre voyelle, c'est un son 'i' normal. **Exemple :** imitation

Points de grammaire

(▦ *page 48*)

4 **Grammaire : le plus-que-parfait**

a Rapportez ce que ces personnes ont dit.

Exemple : «J'ai déjà visité Paris» a-t-elle dit.
Elle a dit qu'elle avait déjà visité Paris.

i «J'ai écrit la lettre avant de partir» a dit Pierre.
ii «Les ministres ont terminé leur réunion vers minuit» a annoncé le porte-parole du gouvernement.
iii «Le prisonnier s'est échappé en quittant la cour d'assises» a expliqué l'inspecteur.
iv «Les deux équipes se sont rencontrées plusieurs fois pendant la saison, mais il n'y a pas eu de résultat décisif» a constaté le manager.

b Remplacez les verbes entre parenthèses avec une forme du passé composé ou du plus-que-parfait. Pour vous aider, dans les premières cinq phrases, les verbes marqués * sont au plus-que-parfait.

i Avant de mourir à Londres, il (vivre*) à Rome, à Paris et à Genève.

ii Il (oublier) que je lui (raconter*) cette histoire au moins trois fois auparavant.

iii Je (laisser*) le feu allumé sous les frites. C'est à cause de ça que l'incendie (éclater).

iv Je (essayer*) de m'excuser auprès d'elle plusieurs fois mais elle (ne jamais me pardonner).

v Elle (dire) qu'elle (venir*) simplement pour dire «bonjour».

vi Ses parents (proposer) de l'inviter, puis ils (changer) d'avis.

vii Ils (passer) trois ans en Afrique quand ils (prendre) la décision de rentrer en France.

viii Quand est-ce que tu (découvrir) que tu (perdre) ton porte-monnaie ?

ix Le bateau (s'éloigner) de trois kilomètres de la côte quand le vent (se lever).

x Pourquoi tu (ne rien me dire) ? Si seulement je (savoir) !

Voir aussi 🗻 n° 45, **5.5**

et ✑ www.aupoint.nelson.co.uk

5 **Grammaire : le participe présent**

Remplacez les infinitifs par un participe présent avec ou sans «en».

a (choisir) le français, vous avez la possibilité de voyager en Afrique francophone.

b Il faut réparer le vélo (remplacer) d'abord les pédales.

c (prendre) comme exemple la Vendée, je voudrais expliquer la politique touristique du gouvernement.

d Il a continué de fumer, tout (savoir) que ça lui faisait du mal.

e Je me suis fait mal à la tête (faire) de la planche à voile.

Voir aussi 🗻 n° 44, **5.6**

et ✑ www.aupoint.nelson.co.uk

Vacances utiles

(▦ *page 49*)

Note

Dans les deux exercices suivants, Monsieur Gningue, représentant du gouvernement du Sénégal à l'ambassade sénégalaise à Londres, parle de ce que son pays offre aux touristes. Tout en élargissant votre vocabulaire, vous allez vous familiariser avec l'accent français africain.

6 🎧 **Des chantiers au Sénégal**

a Avant d'écouter Monsieur Gningue, avec l'aide d'un dictionnaire monolingue, complétez la liste de noms, en notant chaque fois le genre du nom.

verbe	nom
exemple :	
investir	investissement (m.)
menacer	
solliciter	
découvrir	
prêter	
associer	
participer	
reboiser	
planter	
apprendre	
entretenir	
intervenir	

b Ecoutez la cassette et cochez sur la liste que vous venez de compléter les deux mots que vous entendez.

7 🎧 **Vacances de rêve au Sénégal**

a Au besoin, cherchez le sens des mots suivants : un atout   s'adonner   s'effectuer

b Faites un résumé écrit <u>en anglais</u> (50 – 60 mots) de l'interview avec Monsieur Gningue, en vous concentrant en particulier sur les sujets suivants :

- Deux raisons de visiter le Sénégal en été
- Deux atouts touristiques du Sénégal
- La raison pour laquelle les Anglais préfèrent le sud du pays
- Quatre activités sportives pour les touristes
- Deux raisons de faire du tourisme rural

8 **Vacances ratées (Lectures page 98)**

Lisez *Vacances ratées* à la page 98 d'**Au point**. En utilisant autant de vocabulaire tiré du témoignage de Gisèle, racontez l'histoire, à partir du troisième paragraphe, du point de vue de son amie Karine. Commencez par les mots : «Gisèle et moi, on est descendues sur la plage et Gisèle a immédiatement remarqué un grand garçon blond.... »

6 Gagner sa vie

Attitudes envers l'argent

(📖 *pages 52–53*)

Le billet gagnant de la loterie était dans la poche du défunt

Malchance Le flambeur malheureux touche enfin le ticket gagnant, il en meurt et se le fait voler.

C'est vraiment l'histoire de l'année: le 26 juin dernier, le dénommé Juan Villasante Paz, balayeur de rue retraité, âgé de 76 ans, succombe subitement à un infarctus dans son village de Galice. On l'enterre, habillé du seul costume qu'il possède.

Or, voilà que sa famille découvre que, la veille de son décès, le pauvre homme avait acheté le billet de loterie qui venait de gagner le gros lot de plusieurs millions de francs. On cherche partout, on fouille dans tous ses papiers, et on en arrive à l'horrible conclusion : le billet se trouve tout simplement dans la poche du costume dont on l'a revêtu pour le mettre en terre. Panique à bord ! On envisage, un peu honteusement, une exhumation, quand soudain, coup de tonnerre, on apprend que le billet a été encaissé par un inconnu. L'homme, qui est vite repéré et arrêté, n'a rien à voir avec le défunt : il a simplement profité de complicités aux pompes funèbres pour faire ses poches. Encore heureux qu'il n'ait pas succombé à une crise cardiaque en découvrant qu'en prenant la place du mort il avait touché le gros lot !

C'EST VOUS, JUAN VILLASANTE PAZ ?

VOUS RESSEMBLEZ PAS À LA PHOTO

ON NOUS AURA PAS DEUX FOIS

---

1 Le billet gagnant de la loterie était dans la poche du défunt

a Answer the following questions in English :
  i Who suffered a heart attack and why?
  ii What happened to him as a result?
  iii Who almost suffered a heart attack and when?
  iv Who discovered the truth and when?

b Trouvez dans le texte :
  i Cinq verbes au présent
  ii Deux verbes au passé composé
  iii Deux verbes au plus-que-parfait
  iv Un verbe au subjonctif (passé composé)

2 🎧 Tatie

a Ne regardez pas la transcription. Résumez l'histoire en une courte phrase. Vérifiez en lisant la transcription et la fiche de correction.

b Imaginez... Quel scénario les deux jeunes ont-ils inventé pour parvenir à leur fin ? Ecrivez ou enregistrez votre version et comparez-la avec la vérité (voir fiche de correction, page 56)

Les SDF – sans domicile fixe

(📖 *pages 56–57*)

3 🎧 La chanson des restos du cœur

Ne regardez pas la transcription. Complétez les deux phrases suivantes :

a Aujourd'hui, on n'a plus le droit d'avoir............ ni d'avoir..............

b Je ne te promets pas le grand soir, mais juste à .... et à ...., un peu de............ et de........... dans les restos du cœur.

4 Grammaire : testez-vous

Vous vous y connaissez :

a au conditionnel – formation et usage ?

b au subjonctif – formation et usage ?

VÉRIFIEZ

a à la page 53 du livre de l'étudiant (Voir aussi 🔲 nº 46, **6.3** et 🖰 www.aupoint.nelson.co.uk.)

b à la page 57 du livre de l'étudiant (Voir aussi **6.4** et 🖰 www.aupoint.nelson.co.uk.)

France d'outre-mer

(▤ page 60)

5 **Les Choses : le conditionnel (Lectures page 101)**

a Imaginez que c'est vous qui faites des projets d'avenir au lieu du jeune couple. Choisissez au moins 10 aspects de cette vie imaginée mentionnés dans le texte que vous feriez également. Ecrivez-les à la première personne du conditionnel comme dans l'exemple suivant :

J'aurais (ou nous aurions) une cuisine vaste et claire... et nous sortirions (je sortirais)... etc.

OU

b Résumez les paragraphes 1 à 4 en quatre ou cinq phrases.

Commencez par : « S'ils étaient riches/avaient beaucoup d'argent, ils ... »

Servez-vous de ces indices, si vous voulez :

| vie agréable | problèmes | travailler dur | heureux | cultivés |

6 ∩ **Exercice de prononciation : les sons 'u' et 'ou'.**

a Attention au son '**u**' souvent anglicisé.
Comment ça se prononce ?
t**u** – atti**tu**de – d**u** – r**u**e – **u**tile – b**u**t

b Répétez :
T**u**rl**u**t**u**t**u** - chapeau point**u**

c Et le son '**ou**' : écoutez et répétez.
où – t**ou**r – p**ou**rquoi – v**ou**drais

d Les deux sons ensemble : écoutez et répétez.
– T**u** tr**ou**ves ça **u**tile p**ou**r comm**u**niquer ?
– Pas d**u** t**ou**t... et v**ou**s ?
– Non, pas n**ou**s.

7 **Les Choses : grammaire**

a Relisez le premier paragraphe de *Les Choses* (**Lectures** page 101). Imaginez que le jeune couple parle au futur. Mettez les verbes utilisés au conditionnel au futur simple. Enregistrez-vous ou lisez votre réponse à voix haute.

Voir aussi : ⬙ n° 35

8 **Vocabulaire : remue-méninges**

Choisissez deux des sujets suivants :

| Attitudes envers l'argent |

| Le monde du travail |

| Les SDF |

| Le Tiers-Monde |

Notez de mémoire pour chaque sujet :

Dix noms, cinq verbes, cinq adjectifs, cinq adverbes

Formulez au moins 10 phrases avec les mots que vous avez choisis.

⑦ Il faut cultiver notre jardin

Qu'est-ce que la culture ?
(📖 *pages 62–63*)

1 🎧 **La culture vis-à-vis des générations**

Ecoutez ce que dit Marc sur les différences entre les générations. Recopiez le tableau ci-contre et faites une liste en français des différences selon Marc.

Les jeunes d'aujourd'hui	La génération précédente
	lisait beaucoup

Emile Zola - le qui, le quoi et le quand
(📖 *pages 64–65*)

2 **Claude Berri tourne «Germinal»**

Renaud joue Lantier, Depardieu est Maheu

Ce soir, un bal se tient à Arenberg. Un bal donné par Claude Berri en l'honneur des figurants. Ce soir, ils ont laissé la poussière de la houille au vestiaire. Nous sommes dans la région de Valenciennes. Entre brume et brouillard. Claude Berri tourne l'adaptation de *Germinal*, le célèbre roman de Zola paru en 1885. Chaque histoire a sa musique, *Germinal* a la sienne. Ce qui bruit tout au long de ce treizième roman des Rougon-Macquart, comme un feu qui se propage, c'est la colère. Le héros de cette colère a pour nom Etienne Lantier: Il vient d'etre renvoyé des ateliers de Lille, où il était ouvrier, à cause de ses opinions socialistes. Nous sommes sous le second Empire. Dans une France en pleine crise industrielle. Lantier se rend alors jusqu'à Montsou pour se faire embaucher dans les mines. Il y découvre un univers de souffrance, d'exploitation, d'injustice. Il y voit des hommes affamés, mal payés, qui vivent dans la misère et la promiscuité, dans l'alcool et le vice. Il ne tarde pas à organiser la résistance et entraîne 10 000 mineurs dans une grève sanglante.

Lisez cet article puis écrivez un paragraphe d'environ 150 mots résumant l'histoire d'un film que vous avez vu récemment. Utilisez le présent (historique) en suivant le modèle de l'article. Voir aussi **7.4** *Le Zèbre*.

3 🎧 **Un remake**

Faites une liste des raisons pour lesquelles Laure n'aime pas le film.

4 **Grammaire**

A Ce qui, ce que
Recopiez et complétez ces phrases avec le bon pronom relatif (ce qui, ce que/qu')
- **i** .... il a tourné, Claude Berri, c'est un film du roman célèbre de Zola.
- **ii** .... m'inspire, c'est plutôt le roman que l'adaptation à l'écran.
- **iii** Lantier a organisé la résistance aux patrons de la mine, ... a entraîné 10 000 mineurs dans une grève sanglante.
- **iv** Dans *Germinal*, Zola décrivait les conditions sociales d'il y avait 20 ans, ... on n'apprécie pas en lisant le roman.

Voir aussi : ✍ www.aupoint.nelson.co.uk

B Le passif
Servez-vous des participes passés + noms pour formuler des phrases au passif et à l'actif.

Exemple :
choses + arrangé   (passif) Les choses ont été arrangées
           (actif) On a arrangé les choses
           (actif) Les choses se sont arrangées

- **i** repas + fini
- **ii** décision + pris

Voir aussi : ✍ www.aupoint.nelson.co.uk

Le cinéma en danger de mort
(📖 *pages 66–67*)

5 **Grammaire : les verbes impersonnels**
Traduisez en français les phrases suivantes :
- **a** As it's raining it's best to stay at home.
- **b** There's a photo missing.
- **c** It was about the Dreyfus Affair.
- **d** It would be preferable to go to the cinema.

Voir aussi : ✍ www.aupoint.nelson.co.uk

La patrimoine architectural : ancien et... moderne

(▱ pages 70–71)

6 Le Centre Pompidou

Le Centre national d'Art et de culture Georges Pompidou est un établissement public national à caractère culturel doté de la personnalité morale et de l'autonomie financière. Il a pour mission de contribuer à l'enrichissement du patrimoine culturel de la nation, de favoriser et diffuser la création artistique, d'informer et de former le public.

Les activités du Centre sont la présentation des collections permanentes du Mnam-Cci, les expositions, la lecture publique, proposeé par la Bibliothèque publique d'information, le spectacle vivant (théâtre, danse, musique), le cinéma, les colloques et débats, les éditions, le centre de documentation spécialisé du Mnam-Cci, des activités éducatives.

Il comprend deux départements : Le Musée national d'art moderne – Centre de création industrielle (Mnam-Cci) dont les domaines de compétence recouvrent la peinture et la sculpture historiques et contemporaines, le dessin, la photographie, le design et la communication visuelle, l'architecture, le cinéma expérimental, la vidéo et les nouvelles technologies. Il a la garde des collections d'œuvres d'art de 1905 à nos jours appartenant à l'Etat ainsi que des nouvelles collections de design et d'architecture.

Il a pour mission de développer les collections, de concevoir des manifestations, de valoriser la dimension historique de la création dans ses diverses disciplines, d'assurer une prospection sur leurs aspects les plus novateurs et de mettre à la disposition du public une documentation spécialisée.

Le Département du développement culturel (Ddc) qui regroupe et développe les activités du Centre dans les domaines du spectacle vivant, du cinéma et des débats et colloques, et rend compte ainsi des mutations culturelles de la société contemporaine.

Des directions et services sont chargés de l'action éducative, des relations avec les publics, de la mise à disposition des départements et organismes associés d'un ensemble de moyens tels que l'informatique, les prestations audiovisuelles, la communication ; ils assurent également la gestion administrative et financière, la gestion des personnels, la sécurité du public et des œuvres, l'entretien du bâtiment.

a Dressez une liste – en français ou en anglais – des services proposés par le Centre Georges Pompidou.

b Travail de recherche : A quoi correspond le Centre Georges Pompidou dans votre pays ? Quelles sont les fonctions des organismes/départements qui offrent au public ce genre de services ?

Voir aussi : ✎ www.aupoint.nelson.co.uk

Destination épreuves

(▱ page 72)

7 Vocabulaire

Remue-méninges : sans vous servir du dictionnaire, écrivez au moins cinq termes pour chacun de ces thèmes :

le cinéma	(tourner un film... etc)
la peinture	(la touche... etc)
l'architecture	(faire construire... etc)
la culture	(les connaissances etc)

8 Candide ou l'optimisme

Relisez les extraits à la page 107 :

a Trouvez-vous de l'humour dans les deux extraits ? Et des souffrances ? Donnez des exemples/explications (en français ou en anglais).

b Voltaire a écrit ce conte dans quel style – de scientifique, d'historien, de romancier, de journaliste, de poète, de philosophe ? Comment vous le savez ? (Donnez des exemples ou des explications en français ou en anglais).

c Lisez *Candide ou l'optimisme* en entier !

9 ⌒ Exercice de prononciation : le 'r' prononcé

En anglais, la lettre 'r' se prononce différemment selon sa position vis-à-vis d'autres lettres dans un mot. En français, la prononciation du 'r' prononcé reste la même, c'est-à-dire le 'r' au fond de la bouche.

Ecoutez : Berry – turn – resistance – extract – portrait – culture

Comparez : Berry – Berri, turn – tourner, resistance – résistance, extract – extrait, poverty – pauvreté, culture – culture

Essayez : lisez à voix haute la première phrase de l'article ci-contre sur Le Centre Pompidou : (Le Centre national d'Art et de culture Georges Pompidou ......et de l'autonomie financière) puis comparez en écoutant la cassette.

10 ⌒ Le rap alphabétique

Un rap plein de jeux de mots. Ecrivez un rap en utilisant les lettres de votre nom et votre prénom, en suivant le style du rap alphabétique.

L'information au quotidien

(pages 74–75)

1 Etes-vous au courant ?

Trouvez dans l'actualité au moins un exemple pour chacune des rubriques suivantes :

a une nouvelle de portée mondiale
b une minorité opprimée en ce moment dans le monde
c un exploit sportif
d un point chaud du monde

Qu'en pensez-vous du point de vue style ? (Voir aussi la feuille 8.4 *Alors et maintenant*)

L'audiovisuel

(page 79)

2 🎧 **Le groupe Psy**

La télé n'a pas qu'une image négative : écoutez cette interview puis répondez aux questions suivantes :

a Que fait Yacine normalement lors des interviews avec le groupe ?

b Qui l'aide cette fois-ci ?
c Donnez deux raisons pour lesquelles ils étaient numéro 1 aux Philippines.
d Angélina, c'est qui ?
e Comment a-t-elle eu du succès à Hong Kong ?

3 🎧 **Vivre sans télévision**

Ecoutez Sara et lisez sa lettre en même temps. Puis complétez les exercices ci-dessous :

a Expliquez :
   i Ce que Sara reproche à ses parents. (2 points)
   ii Ce qu'elle reproche à ses professeurs. (2 points)

   iii Ce qu'elle reproche à ses copains. (1 point)
   iv Ce qu'elle apprécie en tant que membre d'une famille qui ne possède pas de télévision. (6 points)

b **Chère Sara...** Dans quelle mesure êtes-vous d'accord avec Sara ? Ecrivez une réponse à sa lettre, intitulée : «Vivre sans télévision, ce que j'en pense».

Je fais partie d'une des rares familles qui ne possèdent pas de poste TV. Nos parents jugent qu'ils nous évitent de nombreuses et néfastes tentations. Néfastes, en raison de la prétendue imbécillité des programmes ! Sur ce point, je suis un peu d'accord avec eux : la majorité des émissions sont stupides. Mais je suis du coup privée de quelques films intelligents ou reportages intéressants tout de même diffusés par la télévision !

De plus, tous mes profs s'accordent pour dire que mon goût aigu pour la lecture, favorisé par l'absence de télé, influence mes résultats scolaires, ils n'en recommandent pas moins à la classe émissions culturelles et films historiques qu'il m'est impossible de voir.

Sans parler de mon ignorance totale de l'actualité.

Ce qui m'amuse, ce sont les réactions que je déclenche lorsque j'apprends à quelqu'un que je n'ai pas de télé : à croire que les gens ne peuvent vivre sans elle ! C'est un grand étonnement, puis : «*Mais alors, qu'est-ce que tu fais ? Tu dois t'ennuyer, non ?*» Et non, je ne m'ennuie pas ! Je lis beaucoup, j'écoute de la musique, je fais un peu de sport, j'étudie aussi et ma vie n'est pas centrée autour de la télévision, réglée par ses horaires, elle ne fait pas du tout partie de mon univers.

Sara (17 ans) Tarbes

4 Vocabulaire

a Dans un dictionnaire, recherchez la signification des mots suivants :

    i la une
    ii la manchette
    iii le gros titre
    iv le sous-titre
    v la colonne
    vi le préambule ou 'chapeau'

b Nommez les parties de cette première page de journal (à gauche) désignées par les chiffres dans les cercles.

c Que signifient ces mots quand on parle de télé :

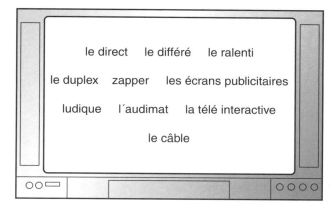

le direct   le différé   le ralenti

le duplex   zapper   les écrans publicitaires

ludique   l´audimat   la télé interactive

le câble

5 Grammaire : pronoms relatifs

On peut marier ces phrases principales et subordonnées en choisissant le bon pronom relatif (**qui, que, ce qui, ce que, dont, où, lequel, laquelle, lesquels**, etc). Recopiez les phrases et soulignez le pronom relatif à chaque fois.

a Le journaliste .... a écrit cet article s'oppose à la médiaphobie.

b Il trouve que la société dans .... on vit se méfie trop des médias.

c .... 'il reproche au public c'est la méfiance générale de la presse écrite.

d A son avis, la France n'est pas le pays .... on publie des journaux de mauvaise qualité.

e Le principe sur .... il base sa critique est celui de la pluralité des médias, ... indique qu'il ne pense pas uniquement à la presse.

f C'est un principe .... je partage avec lui.

6 🎧 Exercice de prononciation : les voyelles longues et brèves – le son 'o'.

Dans l'alphabet phonétique, il y a :
– le son 'o' bref (ouvert) = [ɔ] mort, donner
– le son 'o' long (fermé) = [o] mot, dôme, eau, gauche

a Prononcez ces mots tirés de la lettre de Sara (ci-contre) :
poste – nos – aussi – ignorance totale – beaucoup – autour – profs

b Maintenant, écoutez la cassette et comparez ! Finalement, réécoutez «Vivre sans télévision» et notez la prononciation du son 'o' dans le texte en entier.

Publicité = solliciter ?

(📖 pages 82–83)

7 🎧 **Pubs à la radio**

Cinq publicités sur Europe 1.

a Pour quels produits ces cinq publicités sont-elles ?

b Faites une liste de moyens techniques employés par les publicitaires à la radio. (Pensez à des choses simples comme les dialogues, etc.)

Appât pour poisson.

Appât pour sirène.

Eau de Toilette Déodorant

ATLANTIS

AXE

FABERGÉ

AXE ATLANTIS.

8 **Messages publicitaires**

a Comment trouvez-vous la publicité ci-dessus : Sexiste ? Humoristique ? Macho ? Idiote ?

b A vous d'inventer une pub française pour un produit de votre choix (servez-vous des réponses à l'exercice 7 *Pubs à la radio*)

Les risques majeurs

(📖 pages 112–113)

1 🎧 **Exercice de prononciation : les termes écologiques**

Les sons 'u' et 'ou' contrastés. Ecoutez et répétez.

Messages verts

(📖 pages 116–117)

2 **Elise et Philippe, ironiques**

a Copiez et remplissez le tableau ci-dessous et regardez les définitions de l'ironie. Dans la colonne «phrases», écrivez les phrases ironiques qui se trouvent dans les lettres d'Elise et Philippe ; dans la colonne «déf. no», écrivez le numéro de la définition à laquelle la phrase correspond.

> **IRONIE** [n.f.]: **1.** Action d'interroger en feignant l'ignorance. **2.** Manière de se moquer (de quelqu'un ou de quelque chose) en disant le contraire de ce qu'on veut faire entendre.

Phrases	déf. n°
Comment eux sont-ils arrivés là ?	1

b Ecrivez des slogans ironiques pour défendre les causes écologiques suivantes :
  i protéger la forêt équatoriale
  ii protéger la nature dans les Alpes
  iii recycler le verre
  iv économiser l'eau
  v protéger les animaux à fourrure rare

Exemple :

Les montagnes sont abîmées? Mais ouvrez donc plus de pistes de ski!

Puis, défendez une cause de votre choix.

3 **Grammaire : le passif/éviter le passif**

a Réécrivez ces phrases au passif deux fois, en utilisant soit **on**, soit un verbe pronominal :
  i Les risques d'un accident sont toujours considérés.
  ii La gestion de ces décharges nucléaires sera laissée aux générations futures.

iii L'arrêt des exportations de toute technologie nucléaire à des fins militaires était demandé.

b Traduisez en français :
  i I have been asked to speak.
  ii Children have been told to use recycled paper.
  iii He was phoned last night.
  iv Motorists have been asked to use public transport.
  v Examples of climate change have been given.

Voir aussi : ✍ www.aupoint.nelson.co.uk

Peut-on renoncer à l'énergie nucléaire ?

(📖 pages 118–119)

4 🎧 **La centrale ? On finit par l'oublier !**

Ecoutez neuf jeunes qui habitent à l'ombre des centrales et regardez les phrases ci-dessous. Qui dit quoi ?

Exemple :
Gabriel ; **iv**.

Note : se faire à quelque chose = s'habituer à quelque chose
En argot, <<bricoler>> = faire

a Gabriel
b Martine
c Simon
d Philippe
e Anne
f Jean-Paul
g Jacques
h Bénédicte
i Laure

i La population n'a pas de choix.
ii La centrale n'est pas une solution d'avenir.
iii Il faut oser poser des questions.
iv La centrale crée des emplois.
v La centrale crée des différences sociales.
vi On ne sait pas ce qui se passe dans la centrale.
vii La centrale est un progrès.
viii La centrale disparaît dans le paysage.
ix L'eau qui ressort de la centrale est polluée.

La Terre, une déchetterie

(▦ *page 121*)

5 Comment cela se dit en français ?

En utilisant le passage *Six commandements* (**Lectures** page 197), traduisez les expressions suivantes en français :

a   67 000 empty bottles have been counted
b   a terrible waste
c   every one of us
d   to put an end to this waste
e   several bins are provided for the inhabitants
f   a few months from now
g   flushing the toilet takes…

Destination épreuves

(▦ *page 122*)

6 ⌂ La sécheresse au Sénégal

Un employé du bureau de tourisme au Sénégal parle des problèmes associés au manque d'eau dans son pays. Parmi les idées ci-dessous, notez celle que vous n'entendez pas.

a   pas d'agriculture
b   aucune activité liée à l'eau
c   l'élevage des bêtes souffre
d   l'avancée du desert
e   la forêt meurt
f   les jeunes quittent les villages

7 Contrôle de vocabulaire

a   Traduisez en anglais :
les ampoules
le goudron
supprimer
une opacité
entraîner
subir
ravitailler
l'énergie thermique
des combustibles
l'épuisement

b   Traduisez en français :
waste (noun)
struggle (noun)
disappearance
energy policy
to sort out rubbish
a balance
drought
the ozone layer
lack (noun)
level (noun)

Hommes – femmes, sommes nous si différents ?

(▦ *page 124*)

Les préoccupations féminines et masculines se rapprochent. Les deux sexes se retrouvent aussi sur bon nombre de valeurs. L'uniformisation croissante des comportements et des valeurs ne touche pourtant pas encore le partage ou plutôt le départage des tâches domestiques. Car les femmes consacrent en moyenne quatre heures quotidiennes aux corvées ménagères tandis que les hommes ne font qu'une heure et demie, c'est-à-dire, seulement dix minutes de plus qu'il y a vingt ans. Bien que les mentalités aient énormément changé, on est encore pris dans les stéréotypes masculin/féminin. Et la distinction des rôles est toujours très forte dans certains domaines. Les injustices demeurent notamment dans le monde du travail. Le chômage touchait en mars 1997 14,2% des actives pour 10,8% des actifs. En outre, à travail et compétences égales, elles gagnent environ 22% de moins que leurs homologues masculins. Autre distinction : certains secteurs d'activité demeurent exclusivement féminins, ce qui est synonyme de sous-paiement. Près de 30% des femmes ont des professions où les hommes ne pointent pas leur nez.

1 **Les stéréotypes ont la vie dure**

a Lisez le texte ci-dessus et expliquez les phrases et expressions suivantes en français, en utilisant le plus possible vos propres mots :

  i Les deux sexes se retrouvent sur bon nombre de valeurs.

  ii corvées ménagères

  iii à travail et compétences égales

  iv des professions où les hommes ne pointent pas leur nez

b Trouvez la phrase ou l'expression qui a le même sens que les suivantes :

  i la tendance à devenir semblable ou identique

  ii la distribution inégale

  iii nous sommes toujours sous l'influence de

  iv autrement dit, offrant un salaire inférieur

L'orientation a un sexe ?

(▦ *page 125*)

2 ∩ **Un autre métier moins traditionnel**

Vous allez écouter un passage dont la durée approximative est de trois minutes. Vous pouvez écouter le passage aussi souvent que vous le voulez. Faites un résumé de l'interview en anglais. Ecrivez surtout sur les points suivants :

a les détails des études actuelles de Jérôme

b pourquoi il a choisi cette formation

c ce qui l'a influencé dans son choix de carrière

d son attitude envers l'emploi éventuel

Point de grammaire

(▦ *page 129*)

3 ∩ **Si seulement j'avais su**

Si seulement j'avais su. *If only I had known.*
Ecoutez la cassette et composez des phrases.

Exemples :
Avec des verbes qui prennent avoir :
Si seulement j'avais su (pouvoir vous aider)
Si seulement j'avais su, j'aurais pu vous aider.

Avec des verbes qui prennent être :
Si seulement j'avais su (venir te voir)
Si seulement j'avais su, je serais venu(e) te voir.

Voir aussi : ✍ www.aupoint.nelson.co.uk

4 🎧 **Conjugaisons et interrogations**

a Ce poème de Jean Tardieu utilise les constructions grammaticales
pour créer l'atmosphère d'abandon et de solitude. Ecoutez le poème
et remplissez les blancs.

J'irai je n'irai pas j'…… je ……
Je reviendrai Est-ce que je ………?
Je reviendrai je …………….

Pourtant je partirai (……… déjà …… ?)
Parti reviendrai-je ?
Et …… ? Et ………… ? Et …………… ?

Elle est partie, elle ! Elle est bien partie.
………………….
Est-ce qu'elle ……… ? Je ne crois pas Je ne
crois pas qu'………… .
Toi, tu es là Est-ce que tu es là ?
Quelquefois tu n'es pas là.

Ils s'en vont, eux. Ils vont ………….
Ils partent ils ne partent pas ils ………… ils ne
reviennent plus

…………, est-ce qu'ils reviendraient ?
……, est-ce qu'ils partiraient ?
……, est-ce que tu pars ?
Est-ce que nous allons partir ?
Est-ce que ………………. ?
Est-ce que nous allons partir ?

b Dans ce poème, combien d'exemples y a-t-il des temps suivants ?

Le présent

Le futur simple

Le futur immédiat (aller plus l'infinitif)

Le passé composé

L'imparfait

Le présent du conditionnel

Le passé du conditionnel

Le présent du subjonctif

5 🎧 **Exercice de prononciation : les mots 'anglais' en français**

Le chapitre 10 contient plusieurs mots qui ressemblent à des mots anglais. Ecoutez la cassette et répétez chaque mot deux fois, tout en lisant les mots ci-dessous.

le sport – une cassette vidéo – les inconvénients – une conclusion – les statistiques – les parents – les vertus – l'entreprise – la patience – le courage – les stéréotypes – l'essentiel – la religion – la nationalité – la définition – une idéologie – la supériorité – l'opposition

La question ‹‹logement››

(📖 *pages 132–133*)

6 🎧 **Banlieue**

Ecoutez la chanson Banlieue de Karim Kacel. Né à Paris de parents algériens, Karim Kacel a dit qu'il chante «pour les êtres humains, pas seulement pour les Beurs». Quelles images donne-t-il de la vie des jeunes dans la banlieue ?

Ah, la politique !
(📖 *pages 136–137*)

1 🎧 **L'opportuniste**

a Ecoutez cette chanson de Jacques Dutronc.

b Relevez les mots qui se terminent par **–isme**.

c Prononcez-les à haute voix, puis écrivez et prononcez d'autres mots en **–isme** que vous connaissez.

d Auriez-vous confiance en l'homme politique que Jacques Dutronc prétend être ? Pourquoi (pas) ?

La vie politique
(📖 *pages 138–139*)

2 🎧 **Exercice de prononciation : les sons en '-tion'**

a Avant d'écouter la cassette, réécoutez *L'opportuniste* ci-dessus et notez les mots qui se terminent par **–tion**.

b Maintenant, écoutez la cassette et répétez deux fois chacun des mots qui se terminent par **–tion**.

c Cherchez ces mots dans cette grille.

Il reste huit lettres qui, mises bout à bout, forment un mot qui n'est pas sur la cassette. Lequel ? Prononcez-le !

A	P	O	P	T	I	O	N	I	I	S
B	R	O	L	P	O	D	N	N	N	N
O	O	A	I	O	P	E	O	F	T	O
L	N	N	B	S	P	L	I	O	E	I
I	O	O	E	I	O	E	T	R	G	T
T	N	I	R	T	S	G	N	M	R	U
I	C	T	A	I	I	A	E	A	A	T
O	I	C	T	O	T	T	T	T	T	I
N	A	E	I	N	I	I	T	I	I	T
L	T	L	O	U	O	O	A	O	O	S
T	I	E	N	I	N	N	O	N	N	N
N	O	I	T	A	R	G	I	M	M	I
N	N	O	I	T	N	E	T	S	B	A

Le langage des hommes politiques
(📖 *pages 140–141*)

3 🎧 **La politique des jeunes**

Ecoutez les opinions de Daniel et de Florence, puis décidez si les affirmations suivantes sont vraies ou fausses :

a Daniel s'intéresse à peine à la politique.

b Il ne prend pas trop au sérieux l'idée de la citoyenneté.

c Il trouve que la démocratie serait menacée si on ne votait pas.

d Florence partage l'enthousiasme de Daniel pour la politique.

e Elle accuse les hommes politiques de corruption et de mensonges.

f Elle aurait aimé s'intéresser plus à la politique.

4 **Grammaire : aux stylos, citoyens !**

a Lisez (ou chantez !) cet extrait de *La Marseillaise*.

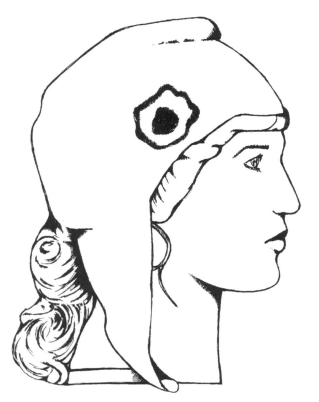

La Marseillaise

Allons enfants de la Patrie,
Le jour de gloire est arrivé !
Contre nous de la tyrannie
L'étendard sanglant est levé
L'étendard sanglant est levé.
Entendez-vous dans les campagnes,
Mugir ces féroces soldats ?
Ils viennent jusque dans nos bras
Egorger nos fils, nos compagnes.
Aux armes, Citoyens !
Formez vos bataillons !
Marchons, marchons !
Qu'un sang impur
Abreuve nos sillons !

b Faites-en une analyse grammaticale, en relevant :

i un verbe au passé composé et un verbe au subjonctif

ii deux prépositions, deux infinitifs et deux impératifs

iii trois adjectifs et trois verbes au présent

iv quatre adjectifs possessifs + noms

L'Europe : droits des citoyens européens

(pages 142–143)

5 Eurobaromètre : la confiance en Europe

> Les jeunes jugent positivement l'Europe. Invités à se prononcer sur une série de propositions caractérisant le mieux l'Union Européenne, ils choisissent clairement les aspects les plus positifs. En tête du hit-parade, se situent les opinions suivantes: «aller où je veux» (34,8%), «un meilleur futur» (34,2%), «une meilleure situation économique» (34%). Les points à connotation négative occupent, eux, le bas du tableau : «beaucoup de bureaucratie» (14,4%), «la perte de diversité culturelle» (12%).
>
> Les jeunes affichent le même optimisme, quand on leur demande d'imaginer «ce qu'auront été dans dix ans les apports de l'Union Européenne». Ils sont ainsi deux fois plus nombreux à penser que l'Europe offrira «plus d'opportunités d'emplois» (29,9%) qu'à estimer que l'Union engendrera un niveau plus élevé de chômage (14,6%).

a Lisez le texte ci-dessus. Expliquez les phrases et expressions suivantes en français, en utilisant le plus possible vos propres mots :

   i invités à se prononcer

   ii une série de propositions caractérisant le mieux L'Union Européenne

   iii les points à connotation négative

   iv affichent le même optimisme

   v les apports de l'Union Européenne

   vi engendrera un niveau plus élevé de chômage

b Ecrivez votre 'hit-parade' des aspects typiques de l'Union Européenne.

c L'Union Européenne, qu'est-ce qu'elle nous aura apporté dans dix ans, à votre avis ?

d Comparez vos réponses à celles des jeunes dans l'article – vous êtes plus ou moins européen(ne) qu'eux ?

6 Le vocabulaire – par couples

Recopiez et complétez ces mots avec au moins deux terminaisons possibles. Indiquez leur nature (n.m, adj, adv., etc)

Exemple : | él... | = élection (n.f) électeur (n.m) élire (vb. inf)

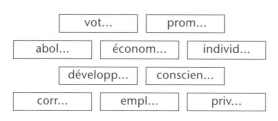

vot...		prom...
abol...	économ...	individ...
développ...	conscien...
corr...	empl...	priv...

7 Quiz

Sans regarder les pages 135 à 146, nommez :

a Dix pays membres de l'UE.

b Quatre partis politiques en France.

c Le siège des députés à Paris.

d La deuxième chambre du parlement français.

e Deux programmes européens pour l'emploi/la formation professionnelle.

Destination épreuves

(page 146)

8 Les femmes députés

Lisez les articles sur les femmes députés dans les parlements des pays de l'Union Européenne

(**Lectures**, page 203).

Répondez en français aux questions suivantes :

a Qui sont les 'beurs' dont on parle dans l'article ?

b Pourquoi Djida Tadzaït siège-t-elle à Strasbourg ?

c Expliquez, en utilisant le plus possible vos propres mots, la signification de : «Refus des mécanismes traditionnels de la représentation.»

d Qu'est-ce qu'on a fait pour attirer l'intérêt des jeunes 'beurs' français ?

e Quel en a été le résultat ?

f A qui la France devrait-elle s'adresser pour mieux intégrer les femmes dans le monde politique ?

A
U

F
A
I
T

Les insignes du député
Les députés ont une écharpe tricolore (bleu, blanc, rouge) une médaille, une carte d'identité de député, une cocarde pour la voiture (un rond bleu blanc rouge collé sur le pare-brise de la voiture).

Point de grammaire

(⊞ *page 151*)

1 ◠ **Exercice de prononciation : à haute voix**

On n'utilise pas le passé simple dans le langage parlé. Mais si vous deviez lire une histoire à haute voix ou même si vous répondez oralement en corrigeant des exercices sur le passé simple, il est souhaitable de pouvoir prononcer les mots !

Ecoutez et répétez plusieurs fois.

2 Grammaire : le passé simple

a C'est quel verbe ? Identifiez l'infinitif du verbe pour chaque expression au passé simple.
i ils firent
ii j'eus
iii nous fûmes
iv tu vins
v elle vit
vi vous tîntes

b Changez ces phrases du passé simple au passé composé (PC) ou à l'imparfait (I) :
i Le quatrième bombardement tua deux femmes. (PC)
ii Il prit une décision difficile. (PC)
iii Je me plongeai dans la tranchée.(PC)
iv Les bombes tombèrent. (I)
v Pour ceux qui furent les témoins, c'était affreux. (I)

La vie sous l'occupation

(⊞ *page 152*)

3 ◠ **La Résistance en France**

Un résistant vous parle. Ecoutez et décidez si les phrases ci-dessous sont vraies ou fausses. Corrigez les phrases qui sont fausses.

a Le 12 juin c'est l'Armistice.
b La France a été divisée en deux.
c Les Français n'avaient aucune réaction contre l'occupant.
d Au début, la Résistance n'attire point les jeunes.
e Les réseaux de renseignements étaient petits dans le nord.
f Dans la zone non occupée, il y avait moins de complicité dans la gendarmerie.

4 ◠ **Le chant des partisans**

Ecoutez cette chanson, qui était l'hymne de la Résistance.

Le nouvel ordre mondial

(pages 154–155)

5 L'OTAN

Traduisez le passage ci-dessous en français :

The North Atlantic Treaty continues to guarantee the security of its member countries. All the military command posts of importance are in the hands of the Americans. However France is an exception. France decided to keep the command of her army. A political choice made in 1966 by General de Gaulle in the name of national independence.

6 ∩ Le nouveau service national

Ecoutez la cassette et complétez les phrases.

a La nouvelle réforme aura pour but de............
b Le service national offrira aux volontaires.........
c La nouvelle armée française sera.........

7 Grammaire : le discours indirect

Mettez les phrases ci-dessous au discours indirect.

a «C'est comme à la télé» remarque un jeune.
b «En fait, ils sont cools les militaires. Je croyais que ça allait être plus strict,» commente l'un des garçons.
c Un autre regrette «Il n'y a pas de sport».
d «Ces tests permettent de détecter l'illettrisme» note le commandant.

La Corse

(pages 156–157)

8 Comment réagir face aux revendications nationalistes ?

Lisez l'article et faites un memo du passage ci-dessous en 40 mots en anglais.

> Vendredi 6 février, 21h 15, Ajaccio : Des coups de feu dans la nuit. Le préfet Erignac est abattu. Enquête sur île à la derive.
>
> Claude Erignac est mort de 3 balles tirées dans la nuque. L'arme du crime, un pistolet Beretta 9 millimètres, avait été volée lors de l'attaque d'une gendarmerie, en septembre dernier. Un acte alors qualifié de «stupide et intolérable» par le préfet Erignac lui-même.
>
> Claude Erignac, préfet de Corse, a écrit de son sang une page tragique de notre histoire. On n'avait pas tué de préfet en France depuis Jean Moulin, en 1943......Sur le livre de condoléances, à la préfecture, beaucoup de ces Corses réputés pour leur fierté écriront leur «honte».
> http.//www.parismatch :
> com/archives/news/corse/index.html

Destination épreuves

(page 158)

9 Contrôle de vocabulaire

Traduisez en anglais :
le sommeil
envahir
lâcher
un citoyen
revendiquer
un attentat
s'emparer
les impôts
s'entretenir
sans relâche

Traduisez en français :
to carry out
a military target
the crowd
to be warned
to go for shelter
a trench
I was very upset
that made me very sad
I remember having come back from holiday
to remain

⑬ Ce que je crois

Superstitions

(📖 *pages 160–161*)

1 🎧 Le hasard du chiffre 7

a Le chiffre 7 porte-t-il bonheur ou malheur ? Ecoutez ce fait divers sur France-Inter, lisez le texte et remplissez les blancs (17 verbes).

> Monsieur Clancy **1** .... le septième jour de la semaine. Alors, **2** qu'y .... de surprenant dans cela, direz-vous ? Eh bien, **3** .... un peu. Monsieur Clancy est donc né le septième jour de la semaine mais c'est aussi durant le septième mois de l'année et, je vous la **4** .... en mille, la septième année du siècle. Mais ce n'est pas tout. Le chiffre sept l' **5** .... pendant toute son existence parce que cet Irlandais de Dublin **6** .... sept frères. Il **7** .... le petit dernier, c'est à dire le septième des garçons. C'est tout de même étonnant. Alors, attendez encore un tout petit peu. Je **8** .... : Monsieur Clancy est donc né le septième jour du septième mois de la septième année de ce siècle, il a eu sept frères et il est le septième de la famille. Et son père, oui, oui, oui, ce n'est pas tout : son père, **9** .... je, était, lui-même, le septième fils d'une famille de sept enfants… le jour de son vingt-septième anniversaire, il **10** .... sur un champ de course. Après tout, cet homme-là **11** .... des raisons d'être superstitieux. Il **12** .... le cheval placé dans la septième case de départ, un cheval qui **13** ...., bien entendu, dans la septième course. Un cheval, le hasard encore, qui était coté sept contre un. Et **14** .... ce qui est arrivé. Le pur sang **15** .... ? Eh bien, non ! Pas du tout. Il **16** .... septième. Oh, j'oubliais, ce fameux cheval **17** .... 'Septième Ciel !'

b Le chiffre 7 lui a apporté bonheur ou malheur ?

2 🎧 Destin ou coïncidence ?

a Ecoutez l'histoire de la voiture maudite de James Dean. Trouvez les trois affirmations fausses parmi les suivantes :

  i On n'est pas sûr de comment James Dean a trouvé la mort.

  ii Ce qui est arrivé à la voiture après la mort de l'acteur semble tout à fait irrationnel.

  iii George Harris a acheté la Porsche, tant il admirait James Dean.

  iv Il s'est fait écraser la jambe par le camion du dépanneur qui lui avait apporté l'automobile.

  v Lors d'une course d'automobiles amateur, il y a eu deux accidents graves liés à l'ancienne voiture de James Dean.

  vi Suite aux accidents, la Porsche était tellement endommagée que l'on ne pouvait plus la conduire ou la faire réparer.

  vii On s'est servi des restes de la voiture pour monter une campagne publicitaire pour la sécurité sur la route.

  viii L'automobiliste qui a heurté le camion qui transportait la voiture maudite s'est fait tuer.

  ix On a fini par monter en exposition à Los Angeles les restes de la voiture.

b Corrigez les erreurs.

Ma foi

(📖 *pages 164–165*)

3 🎧 Exercice de prononciation : les noms qui se terminent par '–isme'

Un peu de pratique pour améliorer votre prononciation. Ce sont des noms masculins ou féminins ? Trouvez-en d'autres exemples.

4 **Gare aux sectes !**

Lisez l'article ci-dessous et résumez-le en 60 mots environ.

Ne les appelez pas «sectes». Ça les énerve. Elles se considèrent généralement comme des «religions minoritaires». Il n'empêche. Dans un rapport parlementaire récent, plusieurs groupes organisés ainsi autour d'un «contact» sont considérés comme des sectes. C'est aussi l'opinion des principaux experts des associations spécialisées dans la lutte contre les manipulateurs d'esprits.

Le «contact» qui a réuni le plus grand nombre d'adeptes en France et dans le monde (quelques dizaines de milliers, probablement) est Claude Vorhilon. Ce Français, qui se fait appeler Raël, affirme être en contact depuis 1973 avec les Elohim, des extra-terrestres à la technologie supérieure, qui l'auraient emmené sur une lointaine planète et lui auraient permis de rencontrer Moïse, Jésus, Bouddha, Mahomet... par ailleurs, Claude Vorhilon aurait été chargé par les Elohim de préparer leur arrivée sur Terre. L'un des objectifs du mouvement raélien, pour lequel il collecte des fonds, est la création d'une ambassade extra-terrestre. Le mouvement s'est illustré tout récemment en annonçant qu'il allait créer, aux Bahamas, un centre de clonage humain. Pas moins !

5 🎧 **Qu'y a-t-il après ?**

Chanson d'Yves Duteil. Dans cette chanson, il se pose la question de savoir si son amour durera au-delà de la vie.

6 **Grammaire : les pronoms**

a Relisez *Gare aux sectes !* en dessus. Notez les pronoms au sujet et à l'objet direct et indirect dans le texte.

b Remplissez les blancs dans le tableau ci-dessous.

L'ordre des pronoms					
......					
tu	me	le	lui	y	
.../elle	......	......	......		......
......	se	les			
vous	nous				
ils/...	......				

c Ecrivez cinq phrases pour illustrer le bon usage des pronoms (voir le tableau ci-dessus.)

Utilisez au moins deux pronoms par phrase, à partir des noms qui suivent :

Exemple :

Et les superstitions ? On me les a expliquées mais je n'y ai pas fait attention.

La tradition ?
Quant aux fêtes, ...
A mes parents ? ......
Pour ce qui est du paranormal, ...
Les sectes, ...

Voir aussi : 🖎 www.aupoint.nelson.co.uk

Destination épreuves

(▦ *page 170*)

7 **Vocabulaire**

Nommez, à chaque fois, cinq termes liés aux thèmes suivants :

les superstitions
les fêtes/festivals en France
les Pardons de Bretagne
les religions minoritaires en France
le paranormal

Voir aussi : 🖎 www.aupoint.nelson.co.uk

Au nom de quoi ?

(📖 *pages 172–173*)

1 **Les animaux au cirque et au zoo**

A   Lisez le texte et répondez aux questions.

Dignité respectée ou survie rassurée ?

Comment garantir la survie de certaines espèces d'animaux rares sans les priver de tout ce qu'il y a du naturel ? Comment répondre d'ailleurs à ceux qui prétendent que les hommes en profitent, en créant des cirques et des zoos rien que pour monter des spectacles de la nature ? Certes, on ne peut pas nier que les hommes fassent tourner les animaux sur une piste, les fassent obéir à des heures fixes, leur fassent porter des vêtements ridicules, les forcent à sauter dans des cerceaux enflammés. Ce qu'il faut absolument dénoncer, selon certains, c'est l'état d'incarcération totale où vivent les animaux de cirque, quand ils ne sont pas sur la piste - les éléphants passent la plupart de leur temps enchaînés ; les chevaux sont maintenus dans des écuries, et quant aux chiens, aux singes, aux lions et aux tigres, ils tournent en rond dans de petites cages.

Reconnaissons pourtant une différence fondamentale entre les cirques et certains zoos, où on semble faire un effort pour reconstituer un environnement plus proche de l'habitat naturel des animaux. Est-il vrai que, sans ces zoos, la nature courrait un danger certain, et les espèces en voie d'extinction, n'auraient-elles aucune chance de survie ? Il faut bien avouer que les programmes de protection de ces espèces dans les parcs naturels échouent, alors que beaucoup de programmes de reproduction en captivité réussissent et assurent la survie de ces espèces. Les pandas ou les gorilles des montagnes en sont des exemples flagrants. Il est à noter aussi qu'il y a quelques années, à l'époque où le zoo de Paris avait été menacé de fermeture pour raisons économiques, il s'était fait entendre un tollé de protestations à cause des recherches effectuées dans les laboratoires du zoo pour la protection des espèces en voie d'extinction.

a   A quoi s'opposent les critiques des cirques et des zoos ?   (2 points)

b   Comment les animaux de cirque perdent-ils leur dignité ?   (4 points)

c   Dans quelle mesure ressemblent-ils à des prisonniers ?   (4 points)

d   Les nouveaux zoos, qu'est-ce qu'ils ont fait pour améliorer les conditions de vie des animaux ?   (3 points)

e   Sur quel plan les zoos réussissent-ils par rapport aux parcs naturels ?   (2 points)

f   Comment a-t-on réagi à la proposition de fermer le zoo de Vincennes?   (2 points)

B   Au choix

Choisissez une des activités suivantes et faites-en une présentation à l'oral ou par écrit. Servez-vous de l'Internet pour faire des recherches là-dessus.

a   Un cirque faisant travailler des animaux arrivera bientôt dans votre ville. Ecrivez une lettre pour exprimer vos réflexions (positives ou négatives) à votre quotidien.

b   Imaginez que vous êtes chercheur et que vous faites des recherches médicales sur les moyens de guérir le cancer. Ecrivez une lettre ou enregistrez une cassette pour une émission de radio pour justifier la nécessité des expérimentations animales.

c   Vous avez un emploi de publicitaire dans une nouvelle compagnie de produits de beauté qui n'effectue pas de tests sur les animaux. Préparez un poster ou une brochure pour votre campagne de publicité.

Comment punir ?

(📖 *pages 180–181*)

2 🎧 **Jeune conductrice**

Fait-divers entendu, à France-Inter, un matin. Et en plus, c'est vrai !

a   Dans quelle mesure peut-on considérer cette vieille dame comme jeune conductrice ?

b   Comment dit-on «délit de fuite» en anglais ?

c   Qu'est-ce qu'elle a reçu comme peine ?

3 🎧 **Rodéo record : 15 délits en trois heures !**

Ecoutez et lisez cet article de magazine. Puis imaginez que vous êtes journaliste en train de questionner le chef de police à Auxerre. Transformez les faits en autant de questions que possible, en variant les formes de l'interrogatif.

Exemple :

De qui s'agit-il? Quel record est-ce qu'ils ont … ?

Pendant combien de temps les agresseurs… ?

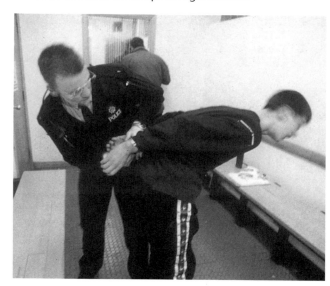

Casseurs

Le livre Guinness n'en parlera jamais, et pourtant Teddy Brac, 19 ans, et Joseph Winterstein, 23 ans, ont battu le record du nombre de vols avec violence en un minimum de temps : 15 forfaits en trois heures ! La course commence à Auxerre, où les compères volent une voiture. Ils écument alors tous les villages des alentours. A Chitry, Courgis, Chablis, Saint-Cyr-les-Colons et Irancy, ils pillent des voitures et frappent leurs occupants. Puis, à Vincelottes, ils tabassent deux gamins pour leur voler leurs mobylettes. Plus tard, les commerces d'Acolay, Trucy-sur-Yonne et Bazarnes sont attaqués. Enfin, ils agressent une automobiliste à Escolives avant de mettre le feu à son véhicule, à Augy.

Au total, ils ont glané 40 000 F. Le tout en trois heures et quelques bouteilles : Joseph dit avoir tout oublié tant il avait bu. Quant à Teddy, il est encore en fuite. Les deux agresseurs ont été condamnés à deux ans de prison.

4 ∩ **Prononciation, intonation, liaison**

Relisez le texte ci-dessus à voix haute.

Vous vous y connaissez en ce qui concerne la prononciation, l'intonation et la liaison ?

– Quelles terminaisons se prononcent ? Et lesquelles ne se prononcent pas ?
– Comment prononce-t-on les noms des villages ? Et les 'e' muets ?
– L'accent tonique est fixé régulièrement en français sur la première ou la dernière voyelle prononcée ?
– Maintenant, vérifiez en réécoutant la cassette.

5 **Grammaire : les temps composés**

Traduisez en français le texte suivant (voir l'article *Rodéo record* ci-dessous à gauche. Attention aux temps composés !)

Joseph said that he had drunk so much that he could not have set fire to a vehicle. Teddy had had the idea to steal a car in Auxerre. After that he stated that he couldn't remember anything. He said that if he had attacked anyone while he was drunk he was sorry – if he hadn't been drunk he would never have hit anyone.

Teddy will have committed other crimes but the police will probably have caught and charged him.

Voir aussi : ✍ www.aupoint.nelson.co.uk

6 ∩ **Le pas des ballerines**

Chanson de Francis Cabrel qui fait parler un prisonnier.

Destination épreuves

(▦ *page 182*)

7 **Forum : violence, non-violence**

Imaginez que vous écrivez vos opinions sur les protestations au forum sur l'Internet.

Exemple :

«Alors, pour moi, la protestation non-violente est tout à fait inutile. Les gens bien de l'Etablissement et le gouvernement ne font jamais attention aux protestations non-violentes. Mais quand les camionneurs bloquent les autoroutes et que ça commence à fumer, ils commencent à comprendre qu'on est déterminé… il ne faut pas se laisser avoir quand même !»

(Pour vous aider : relisez les articles et les bandes dessinées à la page 211.)

⑮ Demain déjà ?

Demain, personnellement
(📖 pages 184–185)

1 Attendez un peu... !

Choisissez, selon le contexte, la conjonction et mettez le verbe au present du subjonctif.

Exemple :
Attendez un peu .... je réfléchis
Attendez un peu que je réfléchisse.

a Je vais attendre ....
tu prends une décision.
b Je te prêterai ce livre ....
tu me le rends avant la fin du mois.
c Ils se sont disputés ....
il y a de bonnes raisons.
d Il faut découvrir la cause de cette maladie .... l'enfant meurt.
e Le gouvernement cherche à faire de son mieux .... les hommes politiques sont souvent opportunistes.
f Les chercheurs font ces expériences .... l'on connaît vraiment l'origine de l'univers.

> sans que
> à condition que
> avant que + ne
> quoique
> afin que
> jusqu'à ce que

2 ∩ Les raisons d'être optimiste ou pessimiste

Ecoutez l'interview avec Jean-Pierre, 20 ans, et Anne-Marie, 21 ans. Transcrivez les phrases dans lesquelles se trouvent les mots ci-dessous.

a ....réfléchisse.......
b ....se battre..........
c ....la crise économique.........
d ...... les grandes puissances........
e ...... les hommes politiques......
f ...... prudente............

Demain, je grandis
(📖 page 186)

3 Exercice de vocabulaire

Assurez-vous que vous savez le genre des mots suivants qui commencent, tous, par une voyelle. Trouvez aussi des adjectives associés :

	genre	**adjectif**
Exemple : l'adolescence	f.	adolescent
l'eau		
l'enfance		
l'été		
l'inconscience		
l'ombre		
l'univers		

4 ∩ Maturité

a Ecoutez le poème de Denise Jallais. Vous le trouverez aussi à la page 214 d'**Au point**.
b Denise Jallais est née à Saint-Nazaire et a fait ses études à Nantes et à La Baule, toutes les trois villes étant près de la mer. Recueillez toutes les influences possibles du paysage marin. On trouve dans ce petit poème plusieurs images. Laquelle, selon vous, est la plus originale ?

Voir aussi **15.1** *Appréciation littéraire.*

c Voici une série de débuts de vers d'un poème sur la transition entre l'adolescence et la vie d'adulte. Complétez les lignes en vous inspirant de la forme du poème de Denise Jallais. Ajoutez, au besoin, d'autres vers. Comparez votre version avec celles d'autres étudiants.

Demain…
Parce que…
Il va falloir…
Avant, il y avait…
Avant, c'était
Demain plus de…
Ni de…
Fini(e) le (la)
Bientôt…
Plus jamais…

Point de grammaire
(*page 187*)

5 Au contraire ! La négation

Lisez encore le *Point grammaire* à la page 187 du livre de l'étudiant. Puis, changez le sens des phrases ci-dessous en utilisant chaque fois une locution adverbiale ou adjectivale de négation différente.

Exemple :

J'ai toujours essayé de te comprendre.

Je n'ai jamais essayé de te comprendre.

a   J'ai écrit à tout le monde.
b   Elle a toutes les chances de réussir aux examens.
c   Il continue à insister là-dessus.
d   Tout me plaît dans ce magasin.
e   Tout le monde était à la discothèque.
f   Je vais toujours essayer de faire de mon mieux.
g   Il est gentil et compréhensif.

6 Pratique de la négation : jamais plus rien

Répondez à ces questions à la forme négative en employant **ne...rien**, **ne...jamais** ou **ne plus** selon le contexte.

Exemple :

Avez vous déjà mangé des escargots ?

Non, je n'en ai jamais mangé.

a   Avez vous déjà parlé au Président de la France ?
b   Est-ce que vous regardez toujours la télévision le samedi matin ?
c   Etes-vous déjà allé(e) au Sénégal ?
d   Avez vous tout compris ?
e   Avez-vous dit quelque chose à quelqu'un ?
f   Voulez-vous encore du vin ?

Vivre en Internet
(*page 193*)

7 ⌒ Exercice de prononciation : les adjectifs qui se terminent en '-ain'

Ecoutez la cassette et répétez les phrases. Notez la différence entre l'adjectif à la forme masculine et à la forme féminine. Cherchez d'autres mots qui se terminent en 'ain' dans les pages d'**Au point**.

Destination épreuves
(*page 194*)

8 ⌒ La machine est mon amie

Ecoutez cette chanson du Québécois Luc de Larochellière. Elle fait mention de 39 gadgets de la vie moderne. Pouvez-vous les identifier tous ? Sans regarder la transcription, bien sûr !

9 ⌒ A l'écoute : réflexions sur le progrès

Ecoutez les extraits d'une interview avec Elise. La durée approximative est de trois minutes. Vous pouvez écouter le passage aussi souvent que vous voulez. Vous pouvez prendre des notes et écrire votre réponse quand vous le désirez.

This is an interview with Elise, a 20 year old student from Paris. Summarise the interview in 90–110 words in English, addressing the points below. Summarise Elise's thoughts on :

– genetic engineering
– space exploration
– the future of work and unemployment
– medical advances

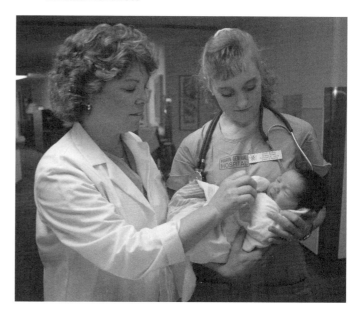

1 Il faut vivre sa vie ! pages 4–5

1 Alice, Dimitri, Sémis et Enora
(Self-study booklet page 4)

Interviewer Je peux vous poser quelques questions au sujet de la jeunesse, Alice ?

Alice Oui, bien sûr.

Interviewer Alors, être jeune, ça veut dire quoi pour vous ?

Alice Etre jeune… euh pour moi, ça veut dire s'amuser avec ses copains, sortir un peu, faire un peu de sport… peut-être aussi avoir des ennuis avec ses parents… voilà, c'est tout !

Interviewer Merci, Alice. Qu'en pensez-vous, Dimitri ?

Dimitri Etre jeune ? Bof, je suppose, pour moi, ça veut dire ne pas faire comme les adultes… ne pas penser tout le temps à l'avenir.

Interviewer D'accord, merci Dimitri. Et vous, Sémis, qu'est-ce que cela signifie pour vous, être jeune ?

Sémis A mon avis, ça signifie s'amuser sans avoir trop de responsabilités, c'est aussi avoir beaucoup de copains… mais… c'est aussi avoir des problèmes avec ses profs et ses parents.

Interviewer Enora, vous pensez comme Sémis, vous aussi ? Etre jeune, ça veut dire quoi pour vous ?

Enora Oui, je pense un peu comme Sémis, pour moi c'est vivre un peu… et ne pas penser comme ses parents… ne pas avoir trop de responsabilités.

Interviewer D'accord… merci à tous !

3 Pour nos enfants, nous sommes casse-pieds
(Self-study booklet page 4)

Pour nos enfants, nous sommes casse-pieds. Nous mettons des contraintes partout. Ils râlent contre nos manies, les obligations de la vie commune : passer à table, ranger leur chambre régulièrement, ne pas accaparer la télé… Nous en prenons plein les oreilles, mais cela nous amuse. Il s'agit d'une rébellion saine, pas d'une douleur aiguë. Nous aussi, nous trouvions nos parents gênants. On doit même être plutôt gentils parce que, tout en clamant de leur envie d'aller ailleurs, ils ne semblent pas si mal que cela à la maison. Ils sont cinq au total, et c'est ce qu'ils préfèrent dans la vie de famille. Leur rêve serait de vivre là, libres, sans nous. Ah, si seulement les parents pouvaient fuguer… !

Geneviève, enseignante, Oise

4 Les parents, contribuent-ils au bonheur des jeunes ?
(Self-study booklet page 4)

– Bonsoir ! Dans une minute, vos appels en direct. Comment ça marche avec vos parents ? Appelez-nous et donnez-nous votre témoignage. Notre standard est ouvert au 16-89-73-26.
Avant vos appels en direct, écoutons quelques enregistrements sur notre répondeur.

Christine Allô ! Ici Christine. Alors, moi, avec ma mère, c'est ça ! Elle voudrait que je reste toujours enfermée dans ma chambre à faire mes devoirs. Alors, nous nous disputons souvent. Je ne comprends vraiment pas son attitude : en classe, j'ai de bons résultats. Je pense donc que j'ai le droit de me relaxer un peu. Mais je dois dire, elle commence à être un peu plus compréhensive.

Jean-François Allô ! C'est Jean-François à l'appareil. Moi, je suis un grand sportif et j'avoue que je prends le temps de faire du sport. En ce qui concerne les études, je fais le minimum pour que mes parents et mes profs me laissent tranquille !

Nicolas Allô ! Je m'appelle Nicolas, j'ai dix-sept ans et je suis en première. Je prépare un examen très important, et ça, c'est vraiment dur, mais c'est mon choix, alors je suis prêt à faire tous les sacrifices pour réussir. Je pense que mon avenir est très important, donc je veux l'assurer. Mes parents sont absolument extra : ils font tout ce qu'ils peuvent pour me rendre la vie de tous les jours plus facile.

Anouchka Ici Anouchka ! Moi, je suis cool. Mes parents me demandent de faire mon travail de classe avant de sortir. A part ça, quand je sors, je dois leur dire où je vais et avec qui je suis. Je trouve ça tout à fait normal. En fait, mes parents sont très chouettes : ils me font confiance, ils me conseillent bien mais ne prennent jamais de décisions à ma place.

5 Fais pas ci, fais pas ça
(Self-study booklet page 5)

Fais pas ci, fais pas ça,
Viens ici, mets-toi là,
Attention ! Prends pas froid
Ou sinon, gare à toi !
Mange ta soupe,
Allez ! Brosse-toi les dents,
Touche pas ça, fais dodo,
Dis papa, dis maman.

Fais pas ci, fais pas ça,
A dada, proute, proute cadet,
A cheval sur mon bidet.

Mets pas tes doigts dans le nez,
Tu suces encore ton pouce
Qu'est-ce que t'as renversé,
Ferme les yeux, ouv' la bouche,
Mange pas tes ongles, vilain,
Va te laver les mains,
Ne traverse pas la rue,
Sinon pan pan cul cul.

Fais pas ci, fais pas ça,
A dada, proute, proute cadet,
A cheval sur mon bidet.

Laisse ton père travailler,
Viens donc faire la vaisselle,
Arrête de te chamailler,
Réponds quand on t'appelle.
Sois poli, dis merci,
A la dame laisse ta place,
C'est l'heure d'aller au lit,
Faut pas rater la classe.

Fais pas ci, fais pas ça,
A dada, proute, proute cadet,
A cheval sur mon bidet.

Tu m'fatigues, je n'en peux plus,
Dis bonjour, dis bonsoir,
Ne cours pas dans le couloir,
Sinon pan pan cul cul.

Fais pas ci, fais pas ça,
Viens ici, ôte-toi de là,
Prends la porte, sors d'ici,
Ecoute ce qu'on te dit !

Fais pas ci, fais pas ça,
A dada, proute, proute cadet,
A cheval sur mon bidet.

Tête de mule, tête de bois,
Tu vas recevoir une beigne !
Je n't'l'dirai pas deux fois,
Tu n'es qu'un bon à rien,
Je te l'dis pour ton bien,
Si tu ne fais rien de meilleur,
Tu seras balayeur.

Fais pas ci, fais pas ça,
A dada, proute, proute cadet,
A cheval sur mon bidet.

N'vous en faites pas les gars !
N' vous en faites pas les gars !
Moi, aussi, on m'a dit ça,

Fais pas ci, fais pas ça,

Fais pas ci, fais pas ça,
Et j'en suis arrivé là
Et j'en suis arrivé là
Et j'en suis arrivé là
La la la la

6 **Exercice de prononciation : les sons -ant(s) et -ent(s)**
(Self-study booklet page 5)

râlent – gênants - protestant – semblent – préfèrent – parents

8 **Voici une page**
(Self-study booklet page 5)

Voici une page.
Sur la page, il y a une image.
C'est l'image d'un lion en cage
Qui est dans une rage,
Une rage folle. Alors de sa cage
Il s'échappe et court vers la plage.
Et là ? Là s'en va-t-à la nage.

2 Entre toi et moi pages 6–7

1 **Ami cherche ami**
(Self-study booklet page 6)

Ami cherche un autre ami perdu
Dans l'immensité des nues
Visage et corps inconnu,
Rêveur cherche à retrouver son ciel
Du fond de la nuit appelle
Son étoile maternelle,
car il y a vingt ans un orage
m'a fait tomber de mon nuage
et m'a laissé seul dans ce monde abandonné
Au matin d'un lointain voyage,
je suis tombé de mon nuage
je n'ai jamais senti la terre sous mes pieds

Reviens étoile aux plaines d'argent,
Reviens chercher ton enfant
Avant qu'il ne soit géant
Avant qu'il ne se brûle à un feu
Qu'il ne se blesse à un jeu
Avant qu'il ne soit trop vieux
car il y a vingt ans un orage
m'a fait tomber de mon nuage
et m'a laissé seul dans ce monde abandonné

Au matin d'un lointain voyage,
je suis tombé de mon nuage
je n'ai jamais senti la terre sous mes pieds
il y a vingt ans un orage
m'a fait tomber de mon nuage
et m'a laissé seul dans ce monde abandonné
Au matin d'un lointain voyage,
Je suis tombé de mon nuage

3 **Débat : mariage ou union libre ?**
(Self-study booklet page 6)

Professeur Alors, alors aujourd'hui, nous allons parler des avantages et des inconvénients du mariage et de l'union libre. Qui commence ?

Garçon 1 A mon avis, aujourd'hui les gens acceptent plus facilement que les couples vivent ensemble sans se marier.

Fille 1 Oui, je suis d'accord avec toi, mais eum ce que tu dis n'est ni un avantage ni un inconvénient ! C'est une réalité. Personnellement, je… pense que se marier, c'est le but de la plupart des filles, mais il faut bien se rendre compte d'un truc : quand on se marie, c'est… c'est pour la vie… alors, ben… il faut être sûr de son partenaire, et le meilleur moyen d'être sûr de son partenaire, c'est forcément de vivre ensemble pour apprendre à se connaître avant de se marier, quoi !

Garçon 2 Ce que… ce que tu proposes en fait, c'est un mariage à l'essai. A mon avis, ça, ça n'a qu'une valeur limitée : ça n'assure pas du tout la… la stabilité du couple plus tard et en plus, euh combien de… de euh… combien de partenaires faut-il avoir avant de… de euh… combien de partenaires faut-il avoir avant de… de trouver le bon ? Non ! A mon avis, il y a quand même de gros risques. En fin de compte, je crois qu'un couple qui vit en concubinage peut être tout aussi stable qu'un couple marié.

Fille 2 C'est aussi mon avis. Moi, euh… je pense que la stabilité d'un couple – marié ou pas – dépend beaucoup plus des individus que d'un certificat de mariage. Bon ! On pourrait peut-être porter la discussion sur un autre terrain ? Les avantages qu'il y a à se marier – ou à vivre maritalement – sont certainement aussi d'une nature beaucoup plus matérielle.

Professeur D'accord ! Mais avant de passer aux questions matérielles, y-a-t-il autre chose d'ordre général ?

Fille 3 Oui… Il y a une chose qui, je crois, m'influencerait beaucoup : euh… ce sont les… les sentiments de mes parents. Je sais que ma mère serait très très déçue si je vivais avec un mec sans qu'on soit marié. Et comme mes parents m'ont toujours fait confiance, je ne crois pas que je pourrais faire ça.

Garçon 3 Il faut aussi considérer les enfants. Les enfants dont les parents sont mariés connaissent, je crois, une plus grande stabilité familiale.

Fille 4 D'après ce que j'ai lu, en fait, le plus grand avantage du mariage, paradoxalement, c'est le divorce ! Je m'explique : si un couple marié veut divorcer, la loi protège les deux partenaires ; par contre, si un couple non marié veut se séparer, la loi ne prévoit pas ça et apparemment, c'est très compliqué.

Professeur C'était vrai jusqu'à très récemment, mais les choses ont changé il y a très peu de temps. Quelques considérations matérielles, alors ?

Garçon 4 Tous les avantages sociaux donnés aux couples – la sécurité sociale, les allocations familiales, etc., s'appliquent aussi bien aux couples mariés qu'aux couples non mariés, alors, euh… mariage ou concubinage, ça ne fait pas grande différence.

Fille 2 Oui, mais pense aux impôts. J'ai entendu dire qu'au point de vue impôts, un couple non marié a beaucoup d'avantages, particulièrement s'il a un ou deux enfants.

Garçon 1 Oui, moi aussi j'ai entendu dire ça.

Professeur L'article que je vous ai photocopié, *L'union libre et la loi*, vous donnera un peu plus de renseignements.

4 Et alors ? Pratique de prononciation

(Self-study booklet page 7)

– Mon ami sait écouter.
– Vous avez vécu le divorce de vos parents ?

3 Une école pour la réussite ? pages 8–9

1 La scolarité d'Armelle

(Self-study booklet page 8)

Au Point A quel âge êtes-vous allée à l'école pour la première fois ?

Armelle A deux ans et demi, mes parents m'ont mise à la maternelle et à six ans et demi, je suis entrée à l'école primaire. A onze ans je suis entrée en sixième à cinq minutes de chez moi. Mais j'ai trouvé ça dur et j'ai même été obligée de redoubler ma sixième.

Au Point Redoubler ?

Armelle De redoubler ? C'est-à-dire de refaire la même classe une deuxième fois. Donc j'ai fait ma classe de sixième deux fois et depuis ça marche très bien. Là, je viens d'entrer en seconde au lycée Jules Ferry.

Au Point Et vous avez déjà décidé quelle filière vous allez suivre ?

Armelle Je suis assez bonne en langues et en français et si je peux, je vais passer le bac L.

2 Prononcez : je ne suis ni… ni…

(Self-study booklet page 8)

Je ne suis ni pessimiste ni optimiste, mais tout simplement réaliste.
Je ne suis ni grand ni petit, mais tout simplement normal.
Je ne suis ni stupide ni intelligent, mais tout simplement travailleur.
Je ne suis ni anglais ni écossais mais français.

– Je vais vous parler des mariés âgés. En vérité, ils étaient amoureux l'un de l'autre, mais ils avaient de gros problèmes aussi. Un jour ils se sont disputés et ont décidé de divorcer.
– C'est vrai ?
– Tout à fait, vous savez.

7 Couplets de la rue Saint-Martin

(Lectures page 87)

Je n'aime plus la rue Saint-Martin
Depuis que André Platard l'a quittée
Je n'aime plus la rue Saint-Martin
Je n'aime rien, pas même le vin.

Je n'aime plus la rue Saint-Martin
Depuis que André Platard l'a quittée.
C'est mon ami, c'est mon copain.
Nous partagions la chambre et le pain.
Je n'aime plus la rue Saint-Martin.

C'est mon ami, c'est mon copain,
Il a disparu un matin,
Ils l'ont emmené, on ne sait plus rien.
On ne l'a plus revu dans la rue Saint-Martin.

Pas la peine d'implorer les saints,
Saints Merri, Jacques, Gervais et Martin,
Pas même Valérien qui se cache sur la colline.
Le temps passé, on ne sait rien.
André Platard a quitté la rue Saint-Martin.

4 En direct du studio

(Self-study booklet page 8)

Interviewer Avoir une bonne éducation, est-ce que ça assure un meilleur avenir ? Régine d'abord.

Regine Je suis dans un LEP, un lycée d'enseignement professionnnel. Je fais des études assez pointues qui me permettront de devenir technicienne... Donc, une bonne education bien menée permet de trouver du travail.

Interviewer Et vous Serge ?

Serge Ben, je ne sais pas, vraiment, je ne suis pas tellement d'accord avec Régine parce que à l'école, on apprend des choses, puis ça vous resservira pas spécialement plus tard. Je ne vois pas le lien direct entre l'école et le travail. Certaines filières, comme les sciences et la technologie m'offriront plus de débouchés que, par example, la philosophie. Mais vraiment il faudra apprendre autre chose de plus specialisé parce que, comme il n'y a pas de travail pour tout le monde, les patrons seront obligés de sélectionner au niveau des connaissances.

7 La leçon buissonnière

(Self-study booklet page 9)

C'est au numéro 32
de l'avenue de la République
Que j'enseigne aux petits merdeux
les théories philosophiques
Que je traduis Pleute et Bellow
Que je trahis les Phillipiques
Pour aider les petits salauds,
les premiers prix de gymnastiques

Je reçois la progéniture
du brasseur, du primeur en gros
Je suis le marchand de culture
l'empêcheur de petits zéros
Je suis le bon dieu des rombières
l'ange du baccalauréat
le petit besogneux pas cher
le pédago petit format

Pendant que le petit crapaud
apprend Caesar pontem fecit
qu'il cherche l'ablatif en o
qu'il bafouille le prétérite
J'ai le front contre mon carreau
Je rêve au loin, j'hélicoptère

J'écoute siffler les bateaux,
Je fais la leçon buissonnière.
C'est au numéro 32
de l'avenue de la République
au-dessus du café des Flots Bleus
Que je cingle vers les tropiques
et que je deviens vieillard hideux,
batelier de la rhétorique
en aidant les petits merdeux
à rester des enfants de bourrique.

La leçon buissonière (Guy Thomas-Jean Ferrat) © 1972
Productions Alleluia 10 rue Saint-Florentin, 75001 Paris.

4 En pleine forme pages 10–11

1 Volet fermé : une chanson de Dick Annegarn
(Self-study booklet page 10)

La bouilloire est sur le feu de la cuisinière
La bouilloire bout
L'eau frémit dans le café de la cafetière
Je vais vite chercher du pain à la boulangerie
La rue réveille mes cheveux endormis
C'est tôt
J'ai envie de croissants chauds
Ça, c'est bien dommage «fermé»
C'est marqué sur le papier collé, sur le volet fermé

Un instant je reste là stupéfait, interdit
C'est pourquoi je dis
Sans tarder, sans hésiter, je cours vite chez le pâtissier
Je vais vite chercher du pain de mie
C'est pas loin
Mais mon café refroidit
J'ai envie de pain de mie
Ça, c'est bien dommage «fermé»
C'est marqué sur le papier collé, sur le volet fermé

Sans tarder, sans hésiter, je cours vite chez Louise,
Louise l'épicière
Pain d'épice et pain de lait, Louise ne ferme jamais
Il me faudrait des biscottes ou bien des biscuits
J'en ai plein les bottes
Il est bientôt dix heures et demie
J'ai envie de pain de mie
Ça, c'est pas de chance «fermé»
C'est marqué sur le papier collé, ensanglanté.

4 Exercice de prononciation : les mots médicaux
(Self-study booklet page 11)

On se concentre sur les différents sons qui se suivent.
Répétez chaque mot deux fois.

respiratoire
pathologies cardio-vasculaires
l'acuponcture

On se concentre sur le son ss. Répétez chaque mot deux fois :
encrassait
durcissait
accroîssait

On se concentre sur le son 's'. Répétez chaque mot deux fois :
utilisation
l'organisme
épuisait

5 Fumer ou ne pas fumer ?
(Self-study booklet page 11)

Fabrice A mon avis, ceux qui fument le font pour frimer et je ne vois pas du tout ce que ça leur apporte. Je suis pour l'interdiction de fumer en public, pour inciter les gens à moins fumer. Je ne fume pas pour quatre raisons : la première, c'est que je veux faire du vélo. La deuxième : ça coûte cher. La troisième : je veux protéger ma santé. La quatrième : je ne sais pas ce que ça apporte et je ne veux pas tellement le savoir.

Hélène Moi, je fume et j'ai pas honte de le dire. Je ne suis ni pour, ni contre le tabac. La seule chose que je peux recommander, c'est de ne pas commencer, parce que c'est drôlement difficile d'arrêter. J'ai commencé à fumer l'an dernier à cause de mes amis et maintenant, j'ai pris l'habitude de fumer. Quand je suis énervée, je prends une cigarette et ça me détend. J'éprouve du plaisir à fumer.

Michel Pour moi, les campagnes antitabac ne servent strictement à rien. En effet, les gens qui fument ne vont pas s'arrêter comme ça. Pour certaines personnes, fumer, ça sert à se calmer, mais c'est aussi le plaisir de montrer aux copains qu'on est «capable» et «adulte». A l'école, j'ai des copains qui fument et qui me proposent des cigarettes de temps à temps. J'en accepte, pourquoi pas ? C'est à chacun de faire son choix.

Arem Dans mon lycée, il y en a quelques-uns qui luttent contre la clope et on voit des affiches comme «Vos poumons ne sont pas des poubelles». Moi aussi je suis contre le tabac. Une de mes copines fume et maintenant, elle ne peut pas s'arrêter. C'est curieux quand même parce que… à la voir fumer, je sais qu'elle en a horreur. Elle est bête car ça ne l'amuse pas de fumer. Ce n'est qu'un jeu stupide. En plus, je n'aime pas rester trop longtemps près d'elle quand elle fume parce que je déteste l'odeur de la fumée et ça reste collé à mes cheveux et à mes vêtements. Je me demande bien combien de temps elle va rester mon amie. J'essaie de l'aider mais mes conseils ne servent à rien.

6 L'alcool
(Self-study booklet page 11)

Je pense que, généralement, les jeunes ne sont pas trop tentés par l'alcool parce qu'en France, il y a eu une génération qui a eu de vrais problèmes d'alcoolisme et cette génération étant la génération des parents ou des grands-parents de nos jeunes d'aujourd'hui, je crois que si on grandit au milieu de la famille en voyant le mal que peut provoquer l'alcool, on n'a pas tellement envie de reproduire le même schéma que ses parents. Il est vrai que si on a un père ou une mère alcoolique on connaît très bien quels sont les effets néfastes sur les autres personnes, y compris la personne elle-même. Je pense qu'il y a un éloignement des jeunes vis à vis de l'alcool, ce qui n'est pas précisément le cas pour d'autres drogues qui sont beaucoup plus attirantes. Les jeunes ne boivent pratiquement plus de vin parce que le vin rouge, c'est justement pour les adultes. Mais la bière, on consomme beaucoup de bière dans le nord et là, ce sont les adultes et les jeunes qui la boivent, mais chez nous, ce n'est pas traditionnel.

7 La prévention du sida
(Self-study booklet page 11)

Depuis ce matin, les lycéens du lycée Voltaire à Paris trouvent des préservatifs dans leur établissement.

La décision a été prise par le conseil qui réunit élèves, enseignants et proviseur. Le Ministre de l'Education affirme que 18% des personnes atteintes du sida l'ont contracté lors de leur première expérience sexuelle. Un reportage de Catherine Laurence :
– Le distributeur a donc été posé ce matin près de la cour en bas de l'escalier C, accessible à tous. Cinq francs les trois préservatifs. Pour Sarah, seize ans, élève de première, c'est une bonne décision.
– Pis c'est important que les jeunes aient… euh… un accès de plus en plus facile… euh… aux préservatifs… euh… ce… ça me semble normal. J'ai toujours utilisé les préservatifs, donc j'ai… euh… j'ai pas de crainte, j'ai pas de doute… euh… l' y a pas de problème.
Le Ministre de l'Education nationale aimerait que tous les lycées de France prennent la même décision le plus vite possible, que tous les conseils d'établissement passent outre les tabous pour assurer la prévention contre le sida. Le Ministre a dialogué avec les lycéens :
– Vous avez décidé d'installer un distributeur de préservatifs. Je crois que c'est une décision symboliquement importante. Ça montre que dans votre lycée vous avez choisi de vous battre pour la vie. L'amour «oui»; la mort «non».

5 Evasion pages 12–13

1 L'Autostop
(Self-study booklet page 12)

On est arrivés, sac au dos, à huit heures
Avec Olivier et Margot et Peter
C'était le grand départ vers le sud et vers les vacances
On trouvera, je pense, une auto avant ce soir
Porte d'Orléans, résignés, un peu pâles
Près de quatre cents, en juillet, c'est normal
Quatre cents comme nous pouce en l'air avec des guitares
La nuit tombe tard, mais quand même installons-nous.
Alors on a monté la tente sur le bord du trottoir
En se disant «Déjà qu'il vente - il pourrait bien pleuvoir.»

Quatre jours plus tard on était toujours là
Avec les guitares abritées, pourquoi pas ?
Avec un verre de vin chaque fois que quelqu'un s'arrête
C'était pas la fête mais enfin on était bien.

C'est, je crois, le treize au matin qu'une auto
A pris deux Anglaises, un marin et Margot
Nous, on est restés là, heureusement que nos deux voisines
Ont fait la cuisine - dans le fond, c'est mieux comme ça
Et on a remonté la tente plus loin sur le trottoir
En se disant «Déjà qu'il vente - il pourrait bien pleuvoir.»

Quinze jours plus tard, on était toujours là
Presqu'au bout d'espoir quand un car s'arrêta
Quinze jours pour partir quand on n'a qu'un mois de vacances
On n'aura, je pense, pas le temps de revenir
Et on a fini nos vacances sur le bord d'un trottoir
Quand on a dit «C'est ça la France»
Il s'est mis à pleuvoir.

2 Exercice de prononciation : l 'énumération
(Self-study booklet page 12)

Le maire de Barbâtre D'après les statistiques, de 1 250 habitants en hiver, on passe à 20 000 personnes en été, ce qui veut dire qu'il faut donner à manger, il faut donner à boire, il faut donner des routes, il faut donner des distractions à cette population très importante en été et c'est une tâche qui n'est pas très facile.

Alexandra Le matin, s'il fait beau, on fait du ski nautique et puis l'après-midi, on fait la sieste, on va à la plage, on va se faire bronzer, on va nager, on fait un peu de planche à voile, on trouve des amis, on joue au volley-ball, on va boire un coup ensemble. C'est génial, non ?

3 Exercice de prononciation : 'i' pour interdire
(Self-study booklet page 12)

Ecoutez la cassette. Répétez chaque mot deux fois.

a Le son 'i' :
tourisme - loisirs - si vite - itinéraire - vigilant - cinéma - la ligne - la nuit - mini - mille - la discipline - la circulation

Le son 'i' suivi de 'n' ou 'm', suivi d'une autre consonne, c'est un son nasal :
informations - j'insiste - intervalle - informatique - infinitif - intervention - installation
impossible - important - imprimer - impatient

Le son 'i' suivi de 'n' ou 'm' suivi d'une autre voyelle, c'est un son 'i' normal :
imitation - imagination
inouï - inattendu - inévitable - inégal - inorganique - inutile

6 Des chantiers au Sénégal
(Self-study booklet page 13)

Monsieur Gningue Mais il y a des chantiers où les jeunes sont sollicités pour s'investir et faire de l'investissement humain, ou bien faire un peu de volontariat. C'est sou… surtout dans le domaine, par exemple, de l'environnement. Vous savez que le Sénégal fait partie des pays qui sont menacés par la désertification. Bon, il y a beaucoup de projets, petits projets ruraux où les jeunes sont sollicités, notamment, ces jeunes qui viennent découvrir le Sénégal, qui viennent un peu… euh… faire du volontariat, prêter service ou bien aider un peu les jeunes ruraux, soit par le biais des associations, parce qu'il y a beaucoup d'associations de jeunes qui sont jumelées à des associations de jeunes au Sénégal. Et quand ils viennent, souvent, bon, ils vont participer avec ces jeunes, par exemple, à reboiser, à planter des arbres ici, ou bien à, à faire de l'investissement humain pour rendre plus salubre une telle partie de la ville ou d'un village, apprendre planter des arbres, à arroser, à entretenir ces arbres, à reforester et… un peu à entretenir l'environnement. C'est surtout principalement dans ce secteur que les jeunes souvent interviennent, dans le secteur de l'environnement.

7 Vacances de rêve au Sénégal
(Self-study booklet page 13)

Monsieur Gningue Oui, il y a beaucoup de jeunes qui visitent le Sénégal particulièrement pendant l'été. Pendant l'été où c'est c'est c'est il est plus préférable aux jeunes de visiter le Sénégal parce que c'est une période où, en général, les hôtels coûtent moins cher et il y a beaucoup de vols charters avec des prix plus intéressants et les jeunes sont en vacances généralement et ils peuvent aller découvrir le Sénégal à cette période… Donc, comme je dis, le Sénégal a des atouts touristiques importants. Il y a ses sept cents kilomètres de plage. Il y a aussi tout un environnement extrêmement joli d'une… de la région sud du Sénégal qui est appelée Casamance et qui est très connue, qui est totalement différente du reste du Sénégal, que les gens vont découvrir ; par exemple, les Anglais, ils aiment particulièrement cette région du Sénégal parce que… c'est l'environnement des parcs qu'on trouve en Grande-Bretagne, des parcs urbains, partout, c'est d… des arbres, c'est très joli et c'est très différent de la partie nord du Sénégal qui est un peu désertique, et donc… il y a… c'est… c'est… c'est… les amoureux de l'environnement, de la nature, ils vont dans cette partie sud du Sénégal pour découvrir l'environnement. Bon, il y a aussi le tourisme de loisirs, c'est-à-dire les gens qui vont s'adonner… aux activités donc de pêche, de pêche sportive, de planche à voile, de tennis, un peu d'équitation, etc. Maintenant, il y a à côté, ce tourisme dont on parlait tout à l'heure… on l'appelle tourisme rural intégré, c'est-à-dire un tourisme qui s'effectue au sein de la population villageoise, rurale, pour découvrir les modes de vie et participer à la culture locale et voir comment se passent les choses. Parfois vous voyez des touristes qui dansent avec les ballets et qui essaient de voir comment se passent les… parce qu'il y a beaucoup de cérémonies traditionnelles qui se passent dans ces villages et les gens, parfois… jouent même les rôles dans ces troupes et découvrent un peu de la culture traditionnelle.

6 Gagner sa vie pages 14–15

2 Tatie
(Self-study booklet page 14)

Voyou de haute volée ou de piètre ambition, ils ont tous cependant un point commun : prendre de l'argent, vite, avec le moindre effort. Alors, c'est vrai, pour ce faire, certains d'entre eux font preuve d'imagination. Oui, même chez les gangs petits (*sic*) il y a parfois de l'imagination.

Ainsi ce fait divers, rapporté le 27 novembre dernier, par l'Agence France-Presse.

Au début, l'affaire est malheureusement banale tant elle frise le sordide. Elle commence le 20 juillet dernier ; une dame, âgée de 81 ans, a un neveu et une nièce. Le neveu se prénomme Benjamin et la nièce Nathalie. La vieille Tatie a quelques économies, pas de fortune, mais quelques sous économisés durant son existence ; un pécule en tout cas qui fait la convoitise de son neveu et de sa nièce qui ne savent pas comment lui prendre. Alors, un soir, le 20 juillet, donc, ils font boire leur tante. Saoule, elle signe un chèque en blanc et à Benjamin et à Nathalie de l'encaisser après y avoir inscrit la somme de 16 000 francs. Quatre jours plus tard, les deux chenapans, forts de leur premier succès, demandent de l'argent à la vieille dame. Celle-ci refuse. Mais ils renouvellent l'opération en la saoulant de nouveau. Cette fois, les deux jeunes gens dérobent six chèques en blanc, des chèques qui serviront notamment à acheter des vêtements. Mais ce n'est pas fini : Benjamin et Nathalie en veulent plus et le 27 juillet, ils enivrent l'octogénaire – c'est devenu une habitude – et l'obligent de force à se rendre dans un bureau de poste juste pour y retirer la somme de 20 000 francs. Que font-ils avec tout cet argent ? Personne ne le sait vraiment. Toujours est-il qu'il est vite dépensé au point qu'au début du mois d'octobre, le neveu et la nièce viennent rendre visite à leur pauvre tante. Leur intention ? Toujours la même ! La faire boire et prendre des sous. Mais là, la vieille dame se méfie : elle refuse de consommer l'alcool. Pourtant, Nathalie et Benjamin réussissent à dérober 12 000 francs en liquide cachés dans on ne sait quelle armoire à linge. Mais c'est terminé : la tatie est prudente : elle refuse d'ouvrir sa porte à son neveu et à sa nièce. C'est alors que les jeunes gens inventent un scénario, mais un vrai scénario.

3 La chanson des restos du cœur
(Self-study booklet page 14)

Moi, je file un rancard* à ceux qui n'ont plus rien,
Sans idéologie, discours ou baratin,
On vous promettra pas les toujours du grand soir
Mais juste pour l'hiver, à manger et à boire

A tous les recalés de l'âge et du chômage,
Les privés du gâteau, les exclus du partage,
Si nous pensons à vous, c'est en fait égoïste
Demain, nos noms peut-être grossiront la liste

Aujourd'hui, on n'a plus le droit
D'avoir faim, ni d'avoir froid
Dépassé le «chacun pour soi»
Je pense à toi, je pense à moi

Je ne te promets pas le grand soir,
Mais juste à manger et à boire
Un peu de pain et de chaleur
Dans les restos, les restos du cœur

Aujourd'hui, on n'a plus le droit
D'avoir faim ni d'avoir froid,
Dépassé le «chacun pour soi»
Je pense à toi, je pense à moi

renseignement confidentiel ou rendez-vous

6 Exercice de prononciation : les sons 'u' et 'ou'.
(Self-study booklet page 15)

a Attention au son 'u' souvent anglicisé.
Comment ça se prononce ?
tu – attitude – du – rue – utile – but

b Répétez :
Turlututu – chapeau pointu

c Et le son 'ou' : écoutez et répétez.
où – tour – pourquoi – voudrais

d Les deux sons ensemble : écoutez et répétez.
– Tu trouves ça utile pour communiquer ?
– Pas du tout… et vous ?
– Non, pas nous.

7 Il faut cultiver notre jardin pages 16–17

1 La culture vis-à-vis des générations
(Self-study booklet page 16)

Les jeunes… Ce n'est pas qu'ils n'ont pas de culture, c'est que leur culture est différente de celle des générations précédentes, parce que dans la génération précédente les gens lisaient beaucoup plus, puisqu'ils avaient beaucoup moins de loisirs et c'était leur moyen de s'évader et aller au théâtre c'était comme un événement tandis que maintenant c'est accessible à tous et financièrement ça ne coûte pas beaucoup et tout le monde peut aller au cinéma ou au théâtre. Ça fait que les gens n'en parlent pas autant et c'est un peu noyé dans toutes les possibilités qu'ils ont. Je crois que c'est ça la différence, que les gens sont submergés par des possibilités infinies et il faut qu'ils choisissent et je pense qu'il y en a qui ne veulent pas choisir, ça fait qu'ils s'intéressent à rien en particulier, ce qui fait qu'ils sont moins cultivés. Puis il y a aussi ce qu'on considère parfois comme une sous-culture, la télé, les médias. Ce n'est pas forcément une sous-culture mais je pense que c'est très artificiel et c'est la différence entre la génération précédente et maintenant c'est que la génération précédente, les gens allaient plus en profondeur parce qu'ils avaient le temps. Maintenant c'est à la va-vite, on regarde un film, on zappe, on regarde encore quelque chose d'autre. Ça ne rentre pas, c'est artificiel, c'est… on connaît un peu de tout mais pas bien…

3 Un remake
(Self-study booklet page 16)

Sommersby, c'est un remake de *Retour de Martin Guerre* qui était avec Gérard Depardieu. Alors c'est un peu le choc, quoi, parce que Gérard Depardieu n'est pas forcément beau mais alors Richard Gere, il est bien, quoi. Alors pour moi, c'était trop américain, c'était trop à l'eau de rose. Enfin le fait est si on avait un mari qui ressemblait à Richard Gere, on s'en souviendrait quoi. On ne le prendrait pas pour quelqu'un d'autre. Alors, euh… Gérard Depardieu on pourrait imaginer qu'on voudrait quelqu'un qui soit mieux mais alors Richard Gere, c'est un peu difficile. Moi, je trouvais que c'était le symbolisme américain. Ils expliquaient

tout. Il n'y avait pas d'espace pour penser. C'est tout fait pour nous. C'est tout mâché pour le spectateur.

9 Exercice de prononciation : le 'r' prononcé
(Self-study booklet page 17)

a En anglais, la lettre 'r' se prononce différemment selon sa position vis-à-vis d'autres lettres dans un mot. En français la prononciation du 'r' prononcé reste la même, c'est-à-dire le 'r' au fond de la bouche.

b Ecoutez : *(following words in English)* Berry – turn – resistance – extract – portrait – culture

c Comparez : *(alternating: English – French)* Berry – Berri, turn – tourner, resistance – résistance, extract – extrait, poverty – pauvreté, culture – culture

d Le Centre national d'Art et de culture Georges Pompidou est un établissement public national à caractère culturel doté de la personnalité morale et de l'autonomie financière.

10 Le rap alphabétique
(Self-study booklet page 17)

(Musique) Flight number two arriving from…
A-ttention, voici les fabuleux Troubadours, vous allez rester bouche **B** *(bée)*… jamais vous ne crierez a-**C** *(assez)* car avec nous ça va **D**-gager *(dégager)* et vous serez **E**-reux *(heureux)* d'avoir fait cet **F**-ort *(effort)*. Les gens en général disent «Ils sont géniaux» ce qui nous a toujours **G**-nés *(gênés)* car nous sommes **H**-val *(à cheval)* sur les princ-**I**-pes. Le public avec nous toujours réa-**J** *(réagit)*. Ce sera le **K** *(cas)* ce soir, si vous aimez les du-**L** *(duels)* de po-**M** *(poèmes)* rythmés style Frères **N**-mi *(ennemi)* public genre **O**-**P**-ra *(opéra)* patois avec des références hautement **Q**-lturelles *(culturelles)* et bien entendu d'une mani-**R** *(manière)* **S**-**T**-étique *(esthétique)* absolument **U**-nique *(unique)*. **V**-ritablement originale. Face à face ce soir nos **W**-rités *(doubles vérités)*. C'est parfois grivois. On nous a même classés **X**. Les pouvoirs publics nous disent «Si vous continuez comme ça, vous n'en aurez jamais de subventions.» On leur a dit «Allez vous faire voir chez les Hellènes dans leur pé-**Y** *(pays grec)*. On n'en a pas besoin de vos **Z** *(aides)*.»
(Musique)

8 Au courant pages 18–19

2 Le groupe Psy

(Self-study booklet page 18)

Animale-moi
Comme un fou, comme un roi
Animale-moi
Et je perds mon sang-froid
Animale-moi
J'oublie tout, je ne suis plus moi
Animale-moi

Reporter Psy, Animale-moi, extrait de l'album *Etrange, mon ange*. On va vous tendre… on va vous tendre un micro, peut-être. C'est Yacine qui répond, comme toujours ?

Yacine Yacine, oui.

Pierre Et Pierre, aussi.

Reporter Ah ! Et Pierre… Je crois que vous avez du succès aux Philippines.

Pierre Oui, on a été assez surpris de voir qu'on a vachement de succès en euh… au Sud-Est asiatique.

Reporter Pourquoi, alors ? Là, vous êtes numéro un aux Philippines ?

Pierre Oui parce que les Asiatiques ont beaucoup de goût, voilà…

Reporter Oui, oui, c'est curieux quand même. Comment ça se fait ? Vous êtes allés là-bas ? Vous avez fait des… des galas ?

Pierre Non, on n'a fait absolument aucune promo. Je crois que le clip est passé tout simplement sur… sur une chaîne locale et ça a très bien marché et puis, un autre truc… très très drôle, c'est qu'on a fait aussi un succès à… à Hong Kong puisqu'il y a une star locale qui a repris euh… le cinéma qui a repris la chanson *Angélina*…

Reporter Angélina qu'on écoutera… tout à l'heure.

Pierre …en cantonais.

Reporter En cantonais ?

Pierre En cantonais, oui.

Reporter Eh beh, écoutez, c'est formidable…

3 Vivre sans télévision

(Self-study booklet page 18)

Je fais partie d'une des rares familles qui ne possèdent pas de poste TV. Nos parents jugent qu'ils nous évitent de nombreuses et néfastes tentations. Néfastes, en raison de la prétendue imbécillité des programmes ! Sur ce point, je suis un peu d'accord avec eux : la majorité des émissions sont stupides. Mais je suis du coup privée de quelques films intelligents ou reportages intéressants tout de même diffusés par la télévision !

De plus, tous mes profs s'accordent pour dire que mon goût aigu pour la lecture, favorisé par l'absence de télé, influence mes résultats scolaires, ils n'en recommandent pas moins à la classe émissions culturelles et films historiques qu'il m'est impossible de voir. Sans parler de mon ignorance totale de l'actualité.

Ce qui m'amuse, ce sont les réactions que je déclenche lorsque j'apprends à quelqu'un que je n'ai pas de télé : à croire que les gens ne peuvent vivre sans elle ! C'est un grand étonnement, puis : «*Mais alors, qu'est-ce que tu fais ? Tu dois t'ennuyer, non ?*» Et non, je ne m'ennuie pas ! Je lis beaucoup, j'écoute de la musique, je fais un peu de sport, j'étudie aussi et ma vie n'est pas centrée autour de la télévision, réglée par ses horaires, elle ne fait pas du tout partie de mon univers.

6 Exercice de prononciation : les voyelles longues et brèves – le son 'o'

(Self-study booklet page 19)

poste – nos – aussi – ignorance totale – beaucoup – autour – profs

7 Pubs à la radio

(Self-study booklet page 19)

1 Les traveller chèques American-Express

Miami, quinze heures. Plutôt que de partir avec du liquide, Monsieur Chaumont a choisi les traveller chèques American Express. Malheureusement, il vient de les perdre. Ecoutons ses réactions.

(Sifflements.)
Perdus ou volés, vos traveller chèques American Express vous sont remplacés en 24 heures partout dans le monde. Traveller chèques American Express pour que vos vacances restent des vacances.

2 Xéryus de Givenchy

Femme Xéryus c'est un parfum qui nous parle comme une voix d'homme.
Homme Viens avec moi.
Femme Fort, conquérant, très Xéryus.
Homme Tu verras, c'est un bateau fait pour courir les océans.
Femme Racé, élégant.
Homme Il nous emportera où tu voudras.
Femme Xéryus de Givenchy, un parfum audacieux et troublant comme la voix de l'homme qui vous aime.

3 BIJE Wasteels

Eh ! T'es jeune ? T'as moins de 26 ans ? Alors ! Ecoute un peu ça. Découvre la France et l'Europe en train à prix malin. Des BIJE Wasteels, des supers réducs en train pour toi ! Où ça ? Dans les 900 points de vente BIJE Wasteels en France ou par Minitel 36-15 Wasteels W-A-S-T-E-E-L-S. Un million de jeunes voyagent chaque année en France et en Europe avec leur BIJE Wasteels en poche. Alors ! Choisis ton camp ! BIJE : un produit voyage Wasteels.

4 Solaire Monoïque Tahiti

Avec Solaire Monoïque Tahiti, bronzez en toute sécurité et gagnez des voyages à Tahiti. Dans votre grande surface, choisissez Solaire Monoïque Tahiti.

5 La nouvelle MicroSoft Mouse II

– Le progrès de l'espèce humaine passe nécessairement par l'expérimentation sur son environnement végétal et animal.

– Parfaitement vrai ! Mais dans le cas de la nouvelle MicroSoft Mouse II, c'est pour faire progresser les souris que MicroSoft a fait des expériences sur les hommes. C'est tout de même grâce à ça que l'on obtient une souris de micro-ordinateur bio-design parfaitement révolutionnaire, parfaitement adaptée à la forme de la main et parfaitement confortable, comme une pantoufle. Parfaitement !

– MicroSoft Mouse II, la souris révolutionnaire de MicroSoft.

9 Terre, où est ton avenir ? pages 20–21

1 Exercice de prononciation : les termes écologiques
(Self-study booklet page 20)

a Répétez les sons suivants : 'u', 'ou'
Répétez ces mots avec le son 'u':
pollutions – reculées – diluées – résultant – reçues – estuaires – diminution – structures – cellulaires – tuent – évoluée
Maintenant, répétez ces mots avec le son 'ou':
toutes – bouteilles – ampoules – boules-de-goudron – courir – engloutis – souffle

b Regardez le premier paragraphe du passage *Les Risques Majeurs*, à la page 112 du livre de l'étudiant. Ecoutez le texte sur la cassette et lisez à haute voix et en même temps que la cassette, en faisant bien attention aux sons 'u' et 'ou'.

Pollutions visibles

Sur toutes les plages du monde, même les plus reculées de l'Océan Pacifique, lorsqu'on s'y promène, on voit une ligne de déchets : bouteilles et sacs en plastique, ampoules électriques, boîtes de soda, boules de goudron…

Mais ces pollutions spectaculaires ne sont pas celles qui font courir les plus grands risques à la planète. Les plus dangereuses sont vraisemblement les plus invisibles, les plus diluées.

4 La centrale ? On finit par l'oublier !
(Self-study booklet page 20)

Gabriel Nous sommes en très bonnes relations avec les gens du nucléaire. Cela a créé beaucoup d'emplois dans la région.
Martine Maintenant que la centrale est là, il faut bien s'y faire, on n'a pas vraiment le choix.
Simon La centrale, on finit par l'oublier. Elle fait partie du paysage.
Philippe Le nucléaire je ne suis pas contre, mais on sait pas trop ce qu'ils bricolent là-dedans.
Anne Vous savez l'eau est impropre à la consommation, mais tout le monde se tait !
Jean-Paul Bien sûr, on va pas retourner au feu de bois !
Jacques Mon principe consiste à poser les questions les plus embarrassantes à EDF et à obtenir une réponse à chaque fois.

Bénédicte Ici depuis l'arrivée d'EDF, la jeunesse roule à deux vitesses : il y a des enfants des centrales qui débordent de fric, et les autres.
Laure A force de trop de confort, on arrive à endormir les gens. On n'investit pas assez pour l'avenir, et pourtant la central s'arrêtera un jour. Eh alors…

6 La sécheresse au Sénégal
(Self-study booklet page 21)

Interviewer Bon ! Plusieurs questions sur l'influence de la sécheresse au Sénégal.
Employé du bureau du tourisme Oui. La sécheresse a causé beaucoup de tort au Sénégal d'abord, par le manque d'eau, parce que l'eau, c'est la vie. Bon ! Quand il n'y a pas d'eau, il n'y a pas d'agriculture, il n'y a pas de maraîchage, il n'y a pas beaucoup d'activités qui sont liées à l'eau. Ça, c'est le premier facteur. Le deuxième facteur, l'élevage aussi en ressent… Il y avait pas d'eau pour abreuver les vaches. Alors ce qui fait que la sécheresse a porté un coup dur à l'agriculture en général.
Interviewer Et quelles sont les conséquences ?
Employé La vie journalière a souffert, parce que faute de terre, faute de pluie, les jeunes ont quitté les villages et sont venus dans les grandes villes, à Dakar, tout ça, et ont connu les grands problèmes urbains. Ils ne trouvent pas de travail. Ils vivent dans des bidonvilles, des maisons vraiment très très sommaires et précaires et connaissent des conditions de vie assez difficiles qui souvent mènent à la délinquance et au désúuvrement et à tous les problèmes urbains qu'on connaît.

10 Sur un pied d'égalité ? pages 22–23

2 Un autre métier moins traditionnel
(Self-study booklet page 22)

Au point Vous vous appelez comment ?

Jérôme Jérôme, Jérôme Joubert. J'ai vingt ans et j'habite à Rennes.

Au point Et vous faites des études de secrétariat, n'est-ce pas ?

Jérôme Oui, c'est ça. Je suis étudiant en seconde année de BTS bureautique et secrétariat trilingue au Lycée Jean-Macé de Rennes.

Au point Vous pouvez expliquer un peu ce que c'est qu'un BTS ? Et pourquoi vous avez choisi cette orientation ?

Jérôme Oui, bien sûr. Alors le BTS, ça signifie Brevet de Technicien Supérieur. C'est une formation professionnelle courte. Normalement, les études ne durent que deux ans. Il y a toutes sortes de sections. Moi, j'ai choisi celle du secrétariat. Le programme est assez chargé. Je dirais que le rythme de travail est un peu pareil à celui du lycée. On a... on a à peu près... euh... trente heures de cours par semaine. En plus des langues, on apprend la gestion, le droit et le secrétariat... et puis, quoi encore ? ... Et puis il y a des stages. Je viens de faire mon deuxième stage en entreprise. On n'a pas beaucoup de temps libre.

Au point D'accord. Mais pourquoi avez-vous choisi de devenir secrétaire ? Qu'est-ce qui vous a influencé le plus dans votre choix de carrière ?

Jérôme Vous n'êtes pas le seul à trouver ça un peu bizarre, euh... l'image du secrétaire-homme.

Au point Peut-être...

Jérôme Bon, je vais vous l'expliquer. Euh... A l'âge de quatorze... quinze ans déjà, je savais que je voulais faire quelque chose qui sortait de l'ordinaire. J'aime les ordinateurs et j'adore aussi les langues étrangères. Je parle anglais, allemand et un peu d'espagnol. J'avais envie surtout d'être indépendant, rapidement. J'ai quatre sœurs et ma mère est divorcée. En plus, je crois que j'ai besoin d'être encadré. Je ne suis pas fait pour la fac. Je crois que je n'aurais pas tellement bossé. Et puis, je me suis dit que pour un employeur, un BTS valait mieux qu'un DEUG.

Au point Etre le seul garçon dans une classe de filles, ça ne vous gêne pas ?

Jérôme Absolument pas.

Au point Et vous pensez que vous allez facilement trouver du travail ?

Jérôme Pendant les stages, ça a bien marché mais peut-être que la réalité sera différente. J'ai déjà commencé à chercher dans les petites annonces. Je me lancerai dans les candidatures spontanées quand le BTS sera terminé. Reste à voir si un employeur fera le pari d'engager un homme au lieu d'une femme. La France est peut-être un peu traditionnelle, même sexiste. Mais si ça marche pas en France, je pourrais facilement aller à l'étranger, en Angleterre peut-être. Il y a peut-être des hommes secrétaires là-bas ?

Au point Mais, je ne sais pas... peut-être... ouf... mais pas beaucoup....

3 Si seulement j'avais su...
(Self-study booklet page 22)

Si seulement j'avais su – *if only I had known*.
Ecoutez la cassette et composez des phrases.

Exemple :
Si seulement j'avais su (pouvoir vous aider)...
Si seulement j'avais su, j'aurais pu vous aider.

a   Si seulement j'avais su (manger plus tôt)

b   Si seulement j'avais su (étudier davantage)

c   Si seulement j'avais su (téléphoner à la police)

d   Si seulement j'avais su (trouver une autre route)

e   Si seulement j'avais su (faire attention)

f   Si seulement j'avais su (aller le voir à l'hôpital)

g   Si seulement j'avais su (arriver à l'heure)

h   Si seulement j'avais su (venir au concert avec toi)

i   Si seulement j'avais su (me lever avant)

j   Si seulement j'avais su (ne pas me tromper)

4 Conjugaisons et interrogations
(Self-study booklet page 23)

J'irai je n'irai pas j'irai je n'irai pas
Je reviendrai Est-ce que je reviendrai ?
Je reviendrai je ne reviendrai pas

Pourtant je partirai (serais-je déjà parti ?)
Parti reviendrai-je ?
Et si je partais ? Et si je ne partais pas ? Et si je ne revenais pas ?

Elle est partie, elle ! Elle est bien partie. Elle ne revient pas.
Est-ce qu'elle reviendra ? Je ne crois pas Je ne crois pas qu'elle revienne.
Toi, tu es là Est-ce que tu es là ?
Quelquefois tu n'es pas là.

Ils s'en vont, eux. Ils vont ils viennent
Ils partent ils ne partent pas ils reviennent ils ne reviennent plus

Si je partais, est-ce qu'ils reviendraient ?
Si je restais, est-ce qu'ils partiraient ?
Si je pars, est-ce que tu pars ?
Est-ce que nous allons partir ?
Est-ce que nous allons rester ?
Est-ce que nous allons partir ?

5 Exercice de prononciation : les mots 'anglais' en français
(Self-study booklet page 23)

Ecoutez la cassette et répétez chaque mot deux fois.
le sport – le sport
une cassette vidéo – une cassette vidéo
les inconvénients – les inconvénients
une conclusion – une conclusion
les statistiques – les statistiques
les parents – les parents
les vertus – les vertus
l'entreprise – l'entreprise
la patience – la patience
le courage – le courage

les stéréotypes – les stéréotypes
l'essentiel – l'essentiel
la religion – la religion
la nationalité – la nationalité
la définition – la définition
une idéologie – une idéologie
la supériorité – la supériorité
l'opposition – l'opposition

6 Banlieue (paroles et musique de Karim Kacel)
(Self-study booklet page 23)

De café en café
Avec des paumés
Il passe son temps
Il se saoule un p'tit peu
Joue avec le feu
Joue au délinquant
C'est pas qu'il soit méchant
Demandez aux parents

Mettez-vous à sa place
C'est dur de faire face
Quand on a dix-sept ans
Les vols de mobylette
On fait la fête sur le moment
La police le guette
Ses parents s'inquiètent
Comme dans un roman
Regarde c'est ton enfant
C'est le sang de ton sang
C'est toi qui l'as nourri
Jeté dans la vie
Il n'y a pas si longtemps
Eh banlieue ne nous laisse pas vieillir
On a peur de mourir... banlieue
Eh banlieue ta grisaille ne nous inspire
Que l'envie de partir... banlieue
Eh banlieue ne nous laisse pas tomber
On a l'droit d'exister nous aussi... banlieue... banlieue....
    banlieue...

11 Citoyen, citoyenne pages 24–25

1 L'opportuniste
(Self-study booklet page 24)

Je suis pour le communisme
Je suis pour le socialisme
Et pour le capitalisme
Parce que je suis opportuniste

Il y en a qui contestent
Qui revendiquent et qui protestent
Moi, je ne fais qu'un seul geste,
Je retourne ma veste
Je retourne ma veste
Toujours du bon côté

Je n'ai pas peur des profiteurs
Ni même des agitateurs
Je fais confiance aux électeurs
J'en profite pour faire mon beurre

Il y en a qui contestent
Qui revendiquent et qui protestent
Moi, je ne fais qu' un seul geste,
Je retourne ma veste
Je retourne ma veste
Toujours du bon côté

Je suis de tous les partis
Je suis de toutes les parties
Je suis de toutes les coteries
Je suis le roi des convertis

Il y en a qui contestent
Qui revendiquent et qui protestent
Moi, je ne fais qu'un seul geste,
Je retourne ma veste

Je retourne ma veste
Toujours du bon côté

Ex je crie vive la révolution
Je crie vive les institutions
Je crie vive les manifestations
Je crie vive la collaboration

Non, jamais je ne conteste,
Ni revendique ni proteste
Je ne sais faire qu'un seul geste,
Celui de retourner ma veste
Celui de retourner ma veste
Mais toujours du bon côté

Je l'ai tellement retournée
Qu'elle craque de tous côtés
A la prochaine révolution
Je retourne mon pantalon.

2 Exercice de prononciation : les sons en 'tion'
(Self-study booklet page 24)

Abolition
Abstention
Arabisation
Attention
Délégation
Election
Immigration
Information
Institution
Intégration
Libération
Opposition
Option
Position
Prononciation

3 La politique des jeunes

(Self-study booklet page 24)

Reporter Vous intéressez-vous à la politique, Daniel ?
Daniel Oui, bien sûr, je m'y intéresse beaucoup parce qu'il me semble que c'est le devoir de tout citoyen de s'y intéresser dans le sens où nous vivons dans une démocratie. Il me paraît évident que, pour sauvegarder la démocratie, tout le monde devrait s'exprimer par le vote.

Reporter Et vous, Florence ?
Florence Ah non, pas du tout ! De toute façon, la plupart des hommes politiques sont vraiment corrompus et nous racontent tout un tas de balivernes et franchement, moi, j'ai des choses bien plus intéressantes à faire que de penser à la politique, ah non.

---

12 La guerre et la paix pages 26–27

1 Exercice de prononciation : à haute voix

(Self-study booklet page 26)

On n'utilise pas le passé simple dans le langage parlé. Mais si vous deviez lire une histoire à haute voix ou même si vous répondez oralement en corrigeant des exercices sur le passé simple, il est souhaitable de pouvoir bien prononcer les mots ! Ecoutez et répétez plusieurs fois.

A Pour les verbes en -**er** comme **chanter** :

je chantai	nous chantâmes
tu chantas	vous chantâtes
il chanta	ils chantèrent

B Le modèle pour les verbes en -**ir** comme **finir** :

je finis	nous finîmes
tu finis	vous finîtes
il finit	ils finirent

Quelques verbes irréguliers :

Avoir	**Etre**	**Faire**	**Aller**	**Venir**
j'eus	je fus	je fis	j'allai	je vins
tu eus	tu fus	tu fis	tu allas	tu vins
il eut	il fut	Il fit	il alla	il vint
nous eûmes	nous fûmes	nous fîmes	nous allâmes	nous vînmes
vous eûtes	vous fûtes	vous fîtes	vous allâtes	vous vîntes
ils eurent	ils furent	ils firent	ils allèrent	ils vinrent

Quelques phrases :
La ville **connut** la douleur.
Les avions **apparurent** dans le ciel clair.
Des rafles de mitrailleuses **s'abattirent** sur la cité.
Les secours **s'organisèrent**.

3 La Résistance en France

(Self-study booklet page 26)

Résistant La Résistance en France. Le 10 juin 1940 est l'Armistice. La France a été divisée en deux, une zone occupée par l'armée allemande et une zone libre non occupée par l'armée allemande dans le sud. Il est bien certain que les Français qui voyaient les Allemands chez eux, bon, les Français qui sont quand même les gens même épris de liberté, eh ben, tous les Français avaient une réaction contre l'occupant.

La Résistance au début n'a pas été que le fait d'une catégorie de Français particulière. Elle a été en fait un réflexe contre un parasite qui était chez vous et dont on voulait se débarrasser, et elle était surtout faite de jeunes. Mais dans la zone occupée, la Résistance au départ, ce sont surtout de petits réseaux de renseignements qui se sont créés pour la raison suivante. L'Angleterre craignant d'être occupée avait évidemment intérêt à connaître les mouvements des troupes allemandes, la situation de tel ou tel régiment, les régiments d'assaut, les régiments de parachutistes, la marine et tout ça. Plus tard ces réseaux ont été relié… à Londres avec l'Etat Major de la France du Général de Gaulle.

Interviewer En zone non occupée, le problème a été un petit peu différent. Pourquoi ?
Résistant D'abord parce qu'il n'y a pas beaucoup d'Allemands, donc les risques étaient beaucoup moindres, de sorte qu'on pouvait plus facilement bénéficier de complicité dans la gendarmerie, même quelquefois dans le gouvernement lui-même.

4 Le chant des partisans

(Self-study booklet page 26)

Ami, entends-tu le vol noir des corbeaux sur la plaine
Ami, entends-tu ces cris sourds du pays qu'on enchaîne
Ohé, partisans, ouvriers et paysans c'est l'alarme
Ce soir, l'ennemi connaîtra le prix du sang et des larmes

Montez de la mine, descendez des collines, camarades
Sortez de la paille, les fusils, la mitraille, les grenades
Ohé, les tueurs à la balle et aux couteaux, tuez vite
Ohé, saboteur attention à ton fardeau, dynamite
C'est nous qui brisons les barreaux des prisons pour nos frères
La haine à nos trousses et la faim qui nous pousse, la misère
Il y a des pays ou les gens aux creux des lits font des rêves
Ici nous vois-tu, nous on marche et nous on nous tue nous on crève

Ici chacun sait ce qu'il veut, ce qu'il fait quand il passe
Ami si tu tombes un ami sort de l'ombre à ta place
Demain du sang noir séchera au grand soleil sur les routes
Chantez compagnons dans la nuit la liberté nous écoute
Ami, entends-tu les cris sourds du pays qu'on enchaîne
Ami, entends-tu le vol noir des corbeaux sur nos plaines
Oh Oh Oh…

6 Le nouveau service national
(Self-study booklet page 27)

Que sera la nouvelle armée ?

La nouvelle réforme a pour but de moderniser l'armée et de la rendre mieux adaptée aux besoins de l'époque : pas de guerre sur le sol français, opérations de maintien de paix, interventions après les catastrophes naturelles…

Pour ce faire, l'armée se professionalise. L'objectif du ministère de la Défense est de proposer de véritables métiers aux volontaires, ce qui était impossible avant la réforme, compte tenu du nombre trop important des appelés. Les changements sont aussi le résultat d'un nouveau budget revu à la baisse. La nouvelle armée française sera un mélange de militaires professionnels et de volontaires.

13 Ce que je crois pages 28–29

1 Le hasard du chiffre 7
(Self-study booklet page 28)

Monsieur Clancy est né le septième jour de la semaine. Alors, qu'y a-t-il de surprenant dans cela, direz-vous ? Eh bien, attendez un peu. Monsieur Clancy est donc né le septième jour de la semaine mais c'est aussi durant le septième mois de l'année et, je vous la donne en mille, la septième année du siècle. Mais ce n'est pas tout. Le chiffre sept l'a poursuivi pendant toute son existence parce que cet Irlandais de Dublin a eu sept frères. Il était le petit dernier, c'est-à-dire le septième des garçons. C'est tout de même étonnant. Alors, attendez encore un tout petit peu. Je résume : Monsieur Clancy est donc né le septième jour du septième mois de la septième année de ce siècle, il a eu sept frères et il est le septième de la famille. Et son père, oui, oui, oui, ce n'est pas tout : son père, disais-je, était, lui-même, le septième fils d'une famille de sept enfants… le jour de son vingt-septième anniversaire, il s'est rendu sur un champ de course. Après tout cet homme-là avait des raisons d'être superstitieux. Il a joué le cheval placé dans la septième case de départ, un cheval qui courait, bien entendu, dans la septième course. Un cheval, le hasard encore, qui était coté sept contre un. Et devinez ce qui est arrivé. Le pur sang a gagné? Eh bien, non ! Pas du tout. Il est arrivé septième. Oh, j'oubliais, ce fameux cheval s'appelait 'Septième Ciel !'

2 Destin ou coïncidence ?
(Self-study booklet page 28)

James Dean est mort en 1955 sur une route de Californie près de Salinas. Il conduisait une Porsche à pleine vitesse. Il y a eu le virage, le dernier, et le choc. On connaît l'histoire de James Dean et les circonstances de sa disparition. Mais ce que beaucoup d'entre nous ignorent, c'est l'après : c'est le destin incroyable de la voiture du célèbre acteur. Il peut paraître osé de parler de destin au sujet d'une automobile, ce bloc de métal à quatre roues, ferraille sans esprit et sans âme, et pourtant, il y a de l'extraordinaire dans l'histoire de cette Porsche. Personne n'est en mesure de donner des explications rationnelles à ce qui s'est passé après… Non ? Les faits sont là et c'est tout. Ils sont incontournables, indéniables et un peu mystérieux. Ecoutez bien !

Après l'accident, un acteur nommé George Harris était un admirateur du héros de *La fureur de vivre*. La Porsche était pour lui un objet fétiche. Et lorsque le dépanneur amenait l'automobile devant chez lui pour la déposer dans le jardin… eh bien… George Harris était heureux, mais, voilà, en descendant la Porsche du plateau de la remorque, un câble a cédé. La voiture est tombée et a écrasé la jambe de George Harris. Un peu plus tard, ce même Harris a vendu le moteur de la Porsche à un médecin, un homme qui pratiquait la course d'automobiles en amateur. Le médecin a monté le moteur sur sa propre voiture, et, au cours d'une compétition, le coureur amateur a quitté la route et s'est tué sur le coup. Ce qu'il y a d'étonnant, c'est que le même jour, dans la même course, un autre candidat à la vitesse a eu, lui aussi, un accident grave. Plus tard, les expertises ont révélé qu'il avait adapté à son automobile l'arbre de direction de la Porsche de James Dean. Mais ce n'est pas fini. La carrosserie et le châssis de la Porsche étaient, eux, inutilisables, du fait de la violence de l'accident mais c'était la voiture de Dean – un symbole. Alors une association de prévention routière a eu l'idée d'acquérir ces amas de ferraille pour les exposer à Sacramento dans le cadre d'une campagne publicitaire, une campagne publicitaire en faveur de la prudence. L'ensemble était attaché dans une sorte de montage à la César, un ensemble qui s'est effondré et qui a blessé gravement un adolescent à la hanche. On a déplacé ensuite à bord d'un camion les restes de la Porsche maudite. Le camion a été heurté par une voiture. Le conducteur de celle-ci a été éjecté et tué. Plus tard, un autre camion qui transportait toujours les restes de la Porsche a fini sa course dans une vitrine d'un magasin de l'Orégon. Les freins avaient cédé. Enfin, la voiture de sport de James Dean a définitivement disparu alors que l'on la ramenait à Los Angeles par le train.

3 Exercice de prononciation : les noms qui se terminent par '-isme'
(Self-study booklet page 28)

Reconnaissez-vous ces noms ?
le christianisme-l'athéisme-le catéchisme-
le judaïsme-l'agnosticisme-l'athlétisme-
le protestantisme-l'humanisme-le mysticisme

5 Qu'y a-t-il après ?
(Self-study booklet, page 29)

Qu'y a-t-il après
Quand nos âmes ont disparu
Quand nos cœurs ne battent plus
Près de ceux qu'on aime ?

Si nos souvenirs se diluent dans l'infini
Qu'en est-il de nos amours et nos amis ?

Quand je m'en irai
Pour ailleurs ou pour après
J'aurai si peur de n'y trouver que des regrets

Je cherche déjà les chemins d'éternité
Qui pourront guider mes pas pour te trouver…

Qu'advient-il de nous
Quand nos yeux se sont fermés
Sur tous ceux qu'on va laisser
Terminer nos rêves

Au bout du chemin, si le temps n'existe pas
Où s'en vont tous les visages d'autrefois ?

Quand je m'en irai
Pour toujours ou pour jamais
Je voudrais tant te dire encore que je t'aimais

Si les mots parfois sont trop lourds au fond du cœur
Les silences ont la couleur de nos secrets…

Il me reste encore tant de larmes et tant de rires
Tant de choses à découvrir
Des bonheurs à vivre

S'il fallait partir, moi mon ciel ou mon enfer
Ce serait de te chercher dans l'Univers…

Qu'y a-t-il après
Quand nos âmes ont disparu
Quand nos cœurs ne battent plus
Près de ceux qu'on aime ?

Si nos souvenirs se diluent dans l'infini
Qu'en est-il de nos amours et nos amis ?

Quand je m'en irai pour ailleurs ou pour après
J'aurai si peur de n'y trouver que des regrets

Et je sais déjà les chemins d'éternité
Qui pourront guider mes pas pour te trouver…

14 Qui juge ? pages 30–31

2 Jeune conductrice
(Self-study booklet page 30)

A Calgary, au Canada, une dame âgée de 70 ans, automobiliste comme beaucoup d'entre nous, mais jeune conductrice malgré son âge avancé, heurte l'arrière d'un véhicule. Loin d'être troublée, la vieille dame après avoir constaté les dégâts commis, remonte dans sa voiture et reprend la route, tranquille. Evidemment, en droit, cela s'appelle un «délit de fuite». Les policiers canadiens n'ont pas eu beaucoup de mal à la retrouver et quelques semaines plus tard, la septuagénaire est convoquée devant le tribunal. Après avoir délibéré avec ses assesseurs, le juge a prononcé la peine en fonction de la gravité de la faute, c'est-à-dire que la vieille dame est condamnée à un cent d'amende, soit l'équivalent de six centimes. Et pour payer son amende, le magistrat en a fixé très sérieusement le délai – mille ans pour payer les six centimes. Je connais déjà des automobilistes français qui rêvent d'une telle répression de la part de nos tribunaux.

3 Rodéo record : 15 délits en trois heures !
(Self-study booklet page 30)

Casseurs

Le livre Guinness n'en parlera jamais, et pourtant Teddy Brac, 19 ans, et Joseph Winterstein, 23 ans, ont battu le record du nombre de vols avec violence en un minimum de temps : 15 forfaits en trois heures ! La course commence à Auxerre, où les compères volent une voiture. Ils écument alors tous les villages alentours. A Chitry, Courgis, Chablis, Saint-Cyr-les-Colons et Irancy, ils pillent des voitures et frappent leurs occupants. Puis, à Vincelottes, ils tabassent deux gamins pour leur voler leurs mobylettes. Plus tard, les commerces d'Acolay, Trucy-sur-Yonne et Bazarnes sont attaqués. Enfin, ils agressent une automobiliste à Escolives avant de mettre le feu à son véhicule, à Augy.

Au total, ils ont glané 40 000 F. Le tout en trois heures et quelques bouteilles : Joseph dit avoir tout oublié tant il avait bu. Quant à Teddy, il est encore en fuite. Les deux agresseurs ont été condamnés à deux ans de prison.

6 Le pas des ballerines
(Self-study booklet page 31)

Pour elle le pas des ballerines,
pour moi le vol noir des corbeaux.
Pour elle le turquoise des piscines,
pour moi la rouille des barreaux.

J'ai donné dix ans de ma vie,
pour ses yeux clairs comme de l'eau,
j'ai jamais vu de ballerines
sur la paille des cachots.

Chez elle le cuir des limousines
et des sourdines aux pianos
et chez moi, le vacarme des cantines,
le souffle des bourreaux.

J'ai donné dix ans de ma vie,
pour ses yeux clairs comme de l'eau,
pour cette veilleuse qui suit
mes doigts sur la photo.

Y'a un homme qui tombe
les yeux dans la rigole,
dans la rue principale.

Les lumières qui tournent,
les jurés me regardent
va falloir que je parle.

La lame est dans ma poche,
si c'est elle que t'aimes,
il faut que tu le fasses.
Les lumières s'approchent,
le cri des sirènes
mais c'était une impasse.

Et tout le temps que ça dure…
Oh tout le temps que ça dure…

Tout le temps que ça dure.
Les amitiés bizarres et les livres pornos.

Dedans, l'eau noire des machines,
les odeurs de caniveaux,
et dehors le soleil médecine
aux crinières des chevaux.

J'ai donné dix ans de ma vie,
pour ses yeux clairs comme de l'eau,
elle m'aime encore, elle m'a écrit,
je change d'air bientôt…

15 Demain déjà ? pages 32–33

2 Les raisons d'être optimiste ou pessimiste
(Self-study booklet page 32)

Au point Excusez-moi, puis-je vous poser une ou deux questions concernant l'avenir ?

Jean-Pierre Bof ! Si vous voulez !

Au point Merci. Alors, d'abord, quand vous pensez à l'avenir, êtes-vous optimiste ou pessimiste ?

J-P Hum… Quelle question… Attendez un peu que je réfléchisse… pff… Ben, vous savez, en fait, je crois que… ça dépend du plan sur lequel on se pose… Vous voulez parler de l'avenir au point de vue boulot, peut-être. Je crois que ça va être dur… qu'il faudra se battre… qu'il faudra beaucoup travailler pour pouvoir réussir. On n'arrête pas de parler du chômage et de la crise économique. Il y aura peut-être encore moins de débouchés dans certaines voies, donc on aura besoin de tous les outils en main pour réussir. Je veux dire…. c'est pas… c'est pas dans la poche quoi.

Au point Mais, dans l'ensemble, en songeant à l'avenir, vous considérez-vous optimiste ou pessimiste ?

J-P Ben… J'sais pas, optimiste, et… malgré les conditions actuelles.

Au point Et vous, Anne-Marie ?

A-M Ce qui m'inquiète le plus… c'est que… Ben… il y a toujours des conflits armés qui éclatent un peu partout dans le monde. Et qui sait combien de pays ont maintenant des armes nucléaires ? Ça me fait vraiment peur. De plus, il semble que les grandes puissances soient bien impuissantes pour imposer des solutions nécessaires. Je me demande comment ça va finir. Par contre, il y a des jours où je me dis que les hommes se rendent mieux compte que leur planète a besoin qu'on s'occupe d'elle. Je crois que la récupération du papier et du verre, par exemple, commence à devenir bien acceptée avec la prolifération des décharges spécialisées. Bien qu'ils soient souvent opportunistes, les hommes politiques semblent peu à peu faire face à leurs responsabilités un peu plus qu'auparavant… Oui, je crois que dans l'ensemble, la grande sensibilisation de tous aux problèmes de l'environnement est quelque chose de plutôt positif.

Au point Ce sont des réflexions d'une personne optimiste, n'est-ce pas ?

A-M Je ne peux pas me prononcer comme ça, à l'emporte-pièce… Je ne suis ni optimiste, ni pessimiste, mais prudente et réaliste… Il faut voir…

4 Maturité
(Self-study booklet page 32)

Finie la pulpe douce de l'inconscience
Tout crépite de bon sens
Puis s'éteint an par an

Commencent alors la fumée
Les pas dans la cendre
Et la mesure du temps

Avant
Avant c'était l'herbe
L'eau
Le sel
Le soleil
J'étais tapie dans l'enfance
Ai-je vraiment mangé autre chose
Que du vent
Des framboises
Et le cœur pointu des roses ?

Avant il y avait
La tempête dans les fuchsias
Le goût des petits pois crus
Les lilas de ma grand-mère
La mer comme une barque
A me naviguer sur le cœur

Avant c'était Pâques
Des chapeaux blancs
Des marguerites
De grands jardins acides
Des scarabées dans chaque paume

Avant il y avait des plages
Des marchés
De l'été
Des cris
Des entremets
Et l'ombre des magnolias

Avant
C'était la fête

Mais finie la pulpe douce de l'inconscience
Je suis une grande personne
Qui sait charier les cadavres
Ceux des mots et ceux des gens
Marcher dans la cendre
Et mesurer le temps

7 Exercice de prononciation : les adjectifs qui se terminent en '-ain'

(Self-study booklet page 33)

Notez la différence entre l'adjectif à la forme masculine, par exemple 'africain' et à la forme féminine 'africaine'. Répétez les phrases suivantes.

un pays africain ; la culture africaine

le gouvernement américain ; la population américaine

un être humain ; une réaction humaine

un certain nombre ; une certaine identité

un problème urbain ; la violence urbaine

8 La machine est mon amie

(Self-study booklet page 33)

J'ai un four un frigidaire un extracteur à jus
Une mixette tout en fer un moulin à café
J'ai une poêle électrique et un poêle au sternum
Un wok, une bouilloire tout en aluminium
Miam-miam, ou eh ou eh

J'ai une friteuse un grille-pain et un hachoir à main
J'ai un four à micro-ondes et une machine à pop-corn
J'ai un robot culinaire avec du skaï émulsionné
Qui hache, qui fouette, qui centrifuge et tranche
Qui pile qui mélange et fait monter en mousse
Qui ne dérange personne mais ne répond pas au
    téléphone

Mais, dites, qu'est-ce que je dois faire ?
Y a plus personne ici
Heureusement y a le soleil
Et la machine est mon amie
Eh ou eh

J'ai un magnétoscope et une télévision bien sûr
Un walk-man un radio-réveil et un tourne-disques
Un lecteur à compacts et à cassettes aussi
Avec égaliseur et le système dolby, et oui
Eh ou eh
J'ai un ordinateur avec jeu vidéo
Un téléphone cellulaire et portatif
Une machine à écrire avec auto-correctif
Et une calculatrice avec auto-destruction
Une balance électronique à affichage numérique
Et un fer à repasser pré-programmé

Mais, dis, qu'est-ce que je dois faire ?
Y a plus personne ici
Heureusement y a le soleil
Et la machine est mon amie
Eh ou eh

J'ai un rasoir électrique et une brosse à dents automatique
Une mini-tronçonneuse pour les poils de nez
J'ai un bain à massages
Et une douche tourbillon

Un gros séchoir à cheveux
Et un plus petit pour les sourcils, et oui
Ou eh ou eh
J'ai un air conditionné un humidificateur
Un déshumidificateur et un ventilateur
Je n'ai qu'une chose à craindre
C'est pas de ne pas être aimé
Je n'ai qu'une chose à craindre
C'est la panne d'électricité

Mais, dis, qu'est-ce que je dois faire ?
Y a plus personne ici
Heureusement y a le soleil
Et la machine est mon amie
Mais, dis, qu'est-ce que je dois faire ?
Y a plus personne ici
Heureusement y a le soleil
Et la machine est mon amie
Eh ou eh
Et la machine est mon amie
Eh ou eh
Et la machine est mon amie
Eh ou eh etc…

9 A l'écoute : réflexions sur le progrès

(Self-study booklet page 33)

Au point Que pensez-vous des progrès scientifiques et médicaux, en particulier la manipulation génétique ?

Elise Au premier abord, je trouve ça un petit peu inquiétant parce que, évidemment, quand on pense qu'on pourrait en arriver à des clones humains, ça me paraît tout à fait bizarre. Mais je dois dire aussi (euh) que peut-être, ce genre d'expérience permettra de produire beaucoup plus de nourriture, et peut-être serait-ce un moyen d'enrayer la famine dans le monde parce que, si l'on peut produire du maïs transgénétique qui justement résiste à pratiquement toutes les maladies, alors qu'avant alors bon c'était beaucoup plus difficile pour la production, eh bien, peut-être que ce sera une solution pour la production mondiale.

Au point Quelle est la valeur de l'exploration de l'espace, à votre avis ?

Elise Eh bien je pense que l'homme a toujours voulu chercher ailleurs, que ce soit par la religion, que ce soit par le progrès scientifique, par exemple, ou plus simplement en entreprenant de grands voyages à la découverte de nouveaux pays, de nouveaux peuples. On essaie toujours de repousser les frontières le plus possible. Donc, l'espace, évidemment, c'est un nouveau monde, un nouvel espoir. Pourtant (euh) je crois que maintenant, on commence à se rendre compte que la conquête de l'espace a peut-être un avenir relativement étroit. Et je crois que c'est peut-être pour ça que l'on revient un petit peu plus sur terre pour se concentrer sur d'autres projets, ce qui peut-être n'est pas mal. Avant, on avait peut-être l'espoir qu'un jour, on pourrait vivre dans l'espace et ainsi soulager un petit peu notre planète, peut-être, mais cette idée me paraît maintenant démodée.

Au point Vous allez bientôt chercher du travail. Croyez-vous que les technologies de pointe vont remplacer les hommes ?

Elise Donc, concernant le travail, je ne pense pas qu'il y ait de réels changements. Les difficultés économiques seront, j'espère, moindres mais, bon, le chômage de longue durée sera sans doute remplacé par du chômage de courte durée par la mise en place de boulots précaires, temporaires. Déjà, à l'heure actuelle, il y a de plus en plus de petits jobs d'intérim. Est-ce qu'on peut se satisfaire de ça ? Avoir trois jobs et vivre comme des dingues ? Je pense que le réel problème pour les années à venir, ça va être le progrès, finalement. C'est un peu contradictoire, mais je pense que le progrès n'est pas toujours une belle chose. Progresser, c'est évoluer vers le meilleur. Bon. Mais, est-ce que remplacer les hommes par des machines et laisser les hommes au chômage, est-ce que finalement ça... est-ce que c'est bien ça ? Je ne sais pas. Il faudrait poser la question à ceux qui tiennent les ficelles. C'est très bien pour le rendement mais quel emploi proposer à ceux ou à celles qui restent ?

Au point Vous êtes étudiante en médecine. Que pensez-vous du progrès médical, des expériences génétiques par exemple ?

Elise Alors, là... Maintenant, on arrive à sauver de plus en plus de personnes. Je pense, par exemple, aux nouveaux-nés qui, il y a quelques années encore, mouraient à la naissance à cause de malformations intra-utérines. Désormais, on arrive à sauver ces enfants mais à les sauver de quoi ? Pour les amener à quoi ? Je pense qu'on leur fait mener une vie que nulle personne sur terre ne souhaiterait avoir. Avant la sélection était naturelle. Si les enfants ne survivaient pas, finalement, était-ce pire, était-ce pire par rapport à ce qu'on leur inflige? Non. D'autant que ça entraîne également les familles.

1 Il faut vivre sa vie ! pages 4–5

1 ⌂ Alice, Dimitri, Sémis et Enora
(Self-study booklet page 4)

Alice : s'amuser avec ses copains, sortir un peu, faire un peu de sport, avoir des ennuis avec ses parents

Dimitri : ne pas faire comme les adultes, ne pas penser tout le temps à l'avenir

Sémis : s'amuser sans avoir trop de responsabilités, avoir beaucoup de copains, avoir des problèmes avec ses profs et ses parents

Enora : vivre un peu, ne pas penser comme ses parents, ne pas avoir trop de responsabilités

2 Sommaires
(Self-study booklet page 4)

Pour Alice, être jeune, c'est s'amuser avec ses copains, sortir un peu, faire un peu de sport et avoir des ennuis avec ses parents.

Selon Dimitri, être jeune signifie ne pas faire comme les adultes, ne pas penser tout le temps à l'avenir.

Sémis trouve que cela veut dire s'amuser sans avoir trop de responsabilités, avoir beaucoup de copains et avoir des problèmes avec ses profs et ses parents.

Quant à Enora, elle pense que cela signifie vivre un peu, ne pas penser comme ses parents, ne pas avoir trop de responsabilités.

3 ⌂ Pour nos enfants, nous sommes casse-pieds
(Self-study booklet page 4)

a Il paraît que ; sans cesse ; à leur âge ; plutôt ; il faut dire qu' ; tous ensemble

b Grammaire
i	vivre	**iv**	ranger
ii	passer (à table)	**v**	accaparer
iii	dire	**vi**	être

All are infinitives.

c E.g faire leurs devoirs, ne pas rentrer à minuit, ne pas fumer/jurer/boire de l'alcool, mettre les couverts, débarrasser la table, donner un coup de main, ne pas être insolent, etc

d Although she and her husband have to put up with the moaning and complaints about 'obsessive' tidiness and consideration for others, she finds it relatively amusing, remembering her own intolerance of her parents as an adolescent. She is glad they feel secure and happy at home and closes lightheartedly on the whimsical notion of the parents running away from home.

4 ⌂ Les parents, contribuent-ils au bonheur des jeunes ?
(Self-study booklet page 4)

a rester
b travaille – pense – droit
c fait
d prépare
e veut
f font – peuvent
g sort – doit – va – est OR sort – doit – est – va

5 ⌂ Fais pas ci, fais pas ça
(Self-study booklet page 5)

Parent to child

6 ⌂ Exercice de prononciation : les sons –ant(s) et –ent(s)
(Self-study booklet page 5)

c verbes en **–ent** : son muet
–noms en **–ent(s)** : sons nasalisés
–participes présents et adjectifs en **–ant(s)** : sons nasalisés

7 C'est juste ?
(Self-study booklet page 5)

c, **f**, **g** et **h** sont fausses

8 ⌂ Voici une page
(Self-study booklet page 5)

Ce sont des noms féminins. Les noms en -age sont en général masculins, avec quelques exceptions très communes.

9 Comment je me vois
(Self-study booklet page 5)

J'obtiens de 10 à 12 points : Je suis très satisfait(e) de moi-même. Je me sens même plutôt sous-estimé(e) par mes parents et par mes ami(e)s. Les gens qui m'aiment ne savent pas la chance qu'ils ont. Je souffre de ne pas être choisi(e) chaque fois qu'il y a une élection de classe. Je deviens totalement désagréable quand les autres ont de meilleurs résultats que moi. C'est de l'injustice quand je n'obtiens pas la meilleure note et ça arrive souvent. C'est que les autres ne partagent pas avec moi mon autosatisfaction. Je souffre d'un léger complexe de supériorité qui devrait m'aider à faire mon trou dans la société.

J'obtiens de 13 à 20 points : Je me vois à peu près comme je suis avec mes qualités et mes défauts. Chaque fois que je le peux, j'essaie de corriger mes erreurs. Je cherche à me perfectionner parce que mes erreurs me font souffrir. J'aimerais être différent(e) de ce que je suis. Je trouve que l'on ne m'aime pas assez, que je mérite plus d'amour. L'amitié compte énormément pour moi.

J'obtiens de 21 à 30 points : Je me trouve médiocre. Je suis plus dur(e) avec moi-même que les autres, et pourtant, les autres, pour démolir quelqu'un généralement, ils savent comment faire !
J'ai du mal à avoir des copains et des copines : je les trouve en règle générale trop bien pour moi et c'est un miracle quand on m'invite à sortir plusieurs fois de suite. Manque de confiance en moi, complexe d'infériorité, j'ai tout pour me faire une vie d'insatisfait(e). Alors faites/je dois faire quelque chose ! Vivez votre/Je dois vivre ma vie !

2 Entre toi et moi pages 6–7

2 Test : êtes-vous influençable ?
(Self-study booklet page 6)
See results table, page 6.

3 ⌒ Débat : mariage ou union libre ?
(Self-study booklet page 6)

	Avantages du mariage	**Avantages de l'union libre**
Fille 1		meilleur moyen d'être sûr du choix de son partenaire (avant de se marier)
Garçon 2		un couple qui vit en concubinage peut être aussi stable qu'un couple marié
Fille 2	(avantages matériels)	la stabilité d'un couple dépend plus des individus que d'un certificat de mariage
Fille 3	parents non déçus	
Garçon 3	plus grande stabilité familiale pour les enfants	
Fille 4	(paradoxalement) le divorce : la loi protège les deux partenaires	
Fille 2		impôts : un couple non marié, surtout avec un ou deux enfants, a beaucoup d'avantages

5 Métiers à risque
(Self-study booklet page 7)

a

au cours de (idiome utile)	*in the course of, during, over*
a concerné (idiome utile)	*has affected/involved/ encompassed*
taux (n.m)	*rate*
plus élevé (adj)	*higher*
chez les agriculteurs (expression utile)	*amongst growers/farmers*
divortialité (n.f)	*rate of divorce, tendency to divorce*
s'accroît (inf. s'accroître)	*increases*
niveau de formation (expression utile)	*level of training/ qualifications*
apparaissent (inf. apparaître)	*seem*
semblables (adj)	*similar*
en ce qui concerne (expression utile)	*as far as… is/are concerned, as for…*
l'écart des revenus (expression utile)	*gap/disparity in incomes*
épouse (n.f)	*wife, spouse*
cadre (n.m)	*business administrator/ executive*
également (adv)	*equally, on an equal footing…*

c Over the past 30 years divorce rates, though rising universally, have varied by profession: higher amongst office workers, lower amongst agricultural workers. They increase as the qualifications and incomes gap between couples widens. Company directors are three times more likely to divorce higher ranking executive wives; four times more likely if their wives are middle ranking executives, and seven times more likely if they are office workers. (67 words)

6 Grammaire : le passé composé et les pronoms disjonctifs
(Self-study booklet page 7)

a, b
i Il est parti pour elle (moi, toi, lui, etc)
   He left for her (me, you, him, etc)
ii Tu es descendu(e) sans eux (moi, etc)
   You went downstairs without them (me, etc)
iii Vous avez choisi avant nous (etc)
   You chose before us, etc
iv Elles sont arrivées sans toi (etc)
   They arrived without you, etc
v Ils ont parlé pas avec elles mais avec nous, etc
   They spoke not with them, but with us, etc

3 Une école pour la réussite ? pages 8–9

1 ∩ La scolarité d'Armelle

(Self-study booklet page 8)

Armelle a commencé l'école maternelle à l'âge de deux ans et demi, puis elle est entrée à l'école primaire. A onze ans, elle est entrée en sixième. Elle a dû redoubler sa sixième. Elle est maintenant en seconde au Lycée Jules Ferry. Elle est bonne en langues et en français et elle a l'intention de faire un bac L.

3 Grammaire : les adjectifs

(Self-study booklet page 8)

beaux
blanche
bons
fausse
fraîches
gros
heureuses
longue

4 ∩ En direct du studio

(Self-study booklet page 8)

i   Je fais des études assez pointues.
ii   Je ne suis pas tellement d'accord avec Régine.
iii Certaines filières m'offriront plus de débouchés.
iv   Il faudra apprendre autre chose/quelque chose de plus spécialisé.
v   Les patrons seront obligés de sélectionner au niveau des connaissances.

5 Grammaire : l'impératif

(Self-study booklet page 9)

a Mettons un pull.
b Restez à la maison demain.
c N'aie pas peur.
d Soyez prudents.
e Assieds-toi là.

6 Contrôle de vocabulaire

(Self-study booklet page 9)

a l'enseignement   *teaching*
   gérer   *to manage*
   une rédaction   *an essay*
   former   *to train*
   un concours   *national exam*
   tandis que   *whereas*
b specialised   *spécialisé/pointu*
   you get used to *on s'habitue à*
   aiming for   *se destinant à*
   attracted by   *attiré par*
   equality   *l'égalité*
   to improve   *s'améliorer*

8 La civilisation, ma mère (Lectures, page 94)

(Self-study booklet page 9)

a se balancer   *to sway, swing*
   menue   *slim, slender*
   J'ôtais   *I took off/used to take off*
   tissés   *woven*
   cousus   *sewn*

b i   Il souligne le fait qu'après une journée à l'école, il pense en français. Ceci n'est pas acceptable chez lui.
   ii   La mère est très maigre.
   iii Elle veut dire qu'il est interdit de parler en français à la maison.
   iv   Elle voudrait qu'il n'oublie pas ses «racines» et qu'il y ait un contact avec leur culture en parlant la langue.

4 En pleine forme pages 10–11

3 Grammaire : l'imparfait
(Self-study booklet page 11)

Exemple de l'imparfait	L'infinitif du verbe	L'équivalent du passé composé
Je faisais du ski	faire	J'ai fait
Je grimpais	grimper	J'ai grimpé
Je nageais	nager	J'ai nagé
Je courais	courir	J'ai couru
Je sautais	sauter	J'ai sauté

5 ⌒ Fumer ou ne pas fumer ?
(Self-study booklet page 11)

a Hélène et ses amis, Michel et l'amie d'Arem
b Hélène
c Fabrice et Arem
d Fabrice
e Arem
f Michel
g Arem
h Hélène

6 ⌒ L'alcool
(Self-study booklet page 11)

Voir la transcription, page 38.

7 ⌒ La prévention du sida
(Self-study booklet page 11)

a vrai
b faux ; 18% des personnes malades du sida l'ont contracté lors de leur première expérience sexuelle.
c vrai
d faux ; Le Ministre de l'Education

8 Les remèdes de bonne femme (**Lectures** page 95)
(Self-study booklet page 11)

a Elle mettait tout le monde dans le même lit parce qu'elle pensait que c'était pour le mieux si tout le monde était malade ensemble.
b L'école a connu une invasion de poux.
c L'œuf battu, la viande, l'orange, l'ail, le céleri
d Rose made lots of pots of herbal tea and would lay out the mustard poultices on the kitchen table. Hot water bottles would be made up and the bricks for the bed heated: she ruled over the bedroom, examining the thermometer sternly and shaking it vigorously.

9 Contrôle de vocabulaire
(Self-study booklet page 11)

Version

le grignotage	nibbling
l'engouement	liking for
éviter	to avoid
au même titre que	just as
au cours de	during
prendre à la légère	to take something lightly
le goudron	tar
être pavée de	to be strewn with
aboutir	to end up as
le témoignage	account, tale

Thème

lungs	les poumons
heart diseases	les pathologies cardio-vasculaires
stopping	le sevrage
on the other hand	en revanche
harmful	nocif/nocive
confidence	la confiance
habits	les mœurs (m.pl)
to link to	lier à
useful	efficace

5   Evasion pages 12–13

1   ∩ L'Autostop
(Self-study booklet page 12)

a   on trouvera une auto
on a monté la tente
on était toujours là
on était bien
nous, on est restés là
on a remonté la tente
on était toujours là
on n'a qu'un mois de vacances
on n'aura pas le temps de revenir
on a fini nos vacances
on a dit

b   **Le premier jour**
C'est le début des grandes vacances. Quatre copains vont à la Porte d'Orléans pour faire de l'auto-stop. Il y a à peu près 400 autres auto-stoppeurs. La nuit tombe et personne ne les a pris. Alors ils montent leur tente pour passer la nuit sur le bord du trottoir.

Quatre jours plus tard
Les copains sont toujours là. Finalement, une auto a pris Margot. Les autres sont restés et leurs voisines ont fait la cuisine.

15 jours plus tard
Les copains sont toujours sur le bord du trottoir. Un car s'arrête.

La décision
Ils décident de rester et de finir leurs vacances sur le bord du trottoir : même s'ils allaient vers le sud, il ne leur reste que quinze jours et ils ont peur de ne pas avoir le temps de revenir.

4   Grammaire : le plus-que-parfait
(Self-study booklet page 12)

a   **i**   Pierre a dit qu'il avait écrit la lettre avant de partir.
    ii   Le porte-parole du gouvernement a annoncé que les ministres avaient terminé leur réunion vers minuit.
    iii   L'inspecteur a expliqué que le prisonnier s'était échappé en quittant la cour d'assises.
    iv   Le manager a constaté que les deux équipes s'étaient rencontrées plusieurs fois pendant la saison, mais qu'il n'y avait pas eu de résultat décisif.

b   **i**   il avait vécu
    ii   il a oublié – je lui avais raconté
    iii   J'avais laissé – a éclaté
    iv   J'avais essayé – elle ne m'a jamais pardonné(e)
    v   Elle a dit – elle était venue
    vi   avaient proposé – ils ont changé
    vii   Ils avaient passé – ils ont pris
    viii   tu as découvert – tu avais perdu
    ix   s'était éloigné – s'est levé
    x   tu ne m'as rien dit – j'avais su

5   Grammaire : le participe présent
(Self-study booklet page 13)

a   En choisissant
    b   en remplaçant
    c   Prenant
    d   en sachant
    e   en faisant

6   ∩ Des chantiers au Sénégal
(Self-study booklet page 13)

a   Les noms : investissement (m.)
menace (f.)
sollicitation (f.) ; sollicitude (f.)
découverte (f.)
prêt (m.)
association (f.)
participation (f.)
reboisement (m.)
plante (f.) ; plantation (f.)
apprentis (m. ou f.) ; apprentissage (m.)
entretien (m.)
intervention (f.)

b   Investissement (m.) (deux fois); association (f.) (trois fois)

7   ∩ Vacances de rêve au Sénégal
(Self-study booklet page 13)

b   Your summary should have included reference to the following:
Hotels are cheaper in the summer and there are cheap charter flights.
There are 700 kilometres of beaches and the natural environment is beautiful.
The south resembles more British wooded parkland while the north is more desert-like.
Four sporting activities are: fishing, wind-surfing, tennis and horse-riding.
Rural tourism enables you to discover the local culture and to participate in traditional ceremonies and dancing.

8   Vacances ratées (Lectures page 98)
(Self-study booklet page 13)

Ask your teacher to check over your work, especially your use of past tenses.

6 Gagner sa vie pages 14–15

1 Le billet gagnant de la loterie était dans la poche du défunt

(Self-study booklet page 14)

a **i** Juan Villasante Paz – he won the jackpot on the National Lottery

ii He was buried in the only suit he possessed (by the members of his family)

iii A man who bribed the undertakers to allow him to search the pockets of the dead man at the mortuary. He was relieved to have avoided a heart attack himself on discovering the winning ticket.

iv Members of Juan's family, on learning that he'd bought the winning lottery ticket, thought he'd been buried with it in his pocket, then discovered that someone had already claimed the prize.

b **i** Cinq verbes au présent *from*:
est, succombe, enterre, possède, découvre, cherche, fouille, arrive, (se) trouve, envisage, apprend, (est …repéré et arrêté), a.

ii Deux verbes au passé composé *from*:
on l'a revêtu, (a été encaissé), il a …profité

iii Deux verbes au plus-que-parfait
avait acheté, avait touché

iv Un verbe au subjonctif (passé composé)
il … ait succombé

2 🎧 Tatie

(Self-study booklet page 14)

a Par exemple : Une vieille se fait voler de l'argent quatre fois par son neveu et sa nièce, mais ils ne la trompent pas une cinquième fois.

b C'est-à-dire qu'avec la complicité d'un ami, ils transforment un appartement en commissariat de police. Oui, ils ont installé un meuble de bureau gris, surmonté d'une lampe ; à côté, il y a la machine à écrire, au mur sont collées des affiches de recrutement du style «Entrez dans la police : c'est un métier d'homme» ; enfin, le décor est parfait. Le moindre détail est respecté jusqu'au radiateur, là où se sont menottés Benjamin et Nathalie. Quant au complice, il a pris le rôle d'officier de police judiciaire ; il joue l'inspecteur et l'inspecteur convoque, dans ce faux commissariat, la brave dame de 81 ans. Elle répond évidemment à la convocation et voit son neveu et sa nièce attachés au fameux radiateur. Ils sont en garde à vue, dit le faux policier, et si vous voulez les récupérer, il vous faut verser la somme de 8 500 francs pour les frais de dossier. Convaincue, oui, convaincue par la mise en scène, la tatie de 81 ans a versé 3 000 francs. C'est tout ce qu'elle pouvait donner, s'est-elle excusée. Aujourd'hui, le faux policier, le neveu et la nièce ont vraiment été placés en garde à vue dans un vrai commissariat, et ils ont été conduits en prison.

3 🎧 La chanson des restos du cœur

(Self-study booklet page 14)

Vérifiez vos réponses en utilisant la transcription.

5 Les Choses : le conditionnel (Lectures page 101)

(Self-study booklet page 15)

Sample answer :

b «S'ils étaient riches/avaient beaucoup d'argent, ils mèneraient une vie agréable. Ils n'auraient pas de problèmes. Ils ne travailleraient pas dur. Ils seraient heureux et très cultivés...»

7 Les Choses : grammaire

(Self-study booklet page 15)

serait-sera, serait-sera, trouveraient-trouveront, serait-sera, viendrait-viendra, aurait-aura, serait-sera, aurait-aura, serait-sera, serait-sera.

8 Vocabulaire : remue-méninges

(Self-study booklet page 15)

Vérifiez vos réponses en consultant les sujets mentionnés dans le chapitre.

7   Il faut cultiver notre jardin pages 16–17

1 ⌒ La culture vis-à-vis des générations
(Self-study booklet page 16)

Les jeunes d'aujourd'hui
théâtre et cinéma accessible
jeunes en parlent moins
submergés par des possibilités
culture artificielle
moins de temps

La génération précédente
lisait beaucoup
avait beaucoup moins de loisirs
aller au théâtre, c'était un événement
culture profonde
plus de temps

3 ⌒ Un remake
(Self-study booklet page 16)

Laure pense que l'acteur est trop beau et donc, que sa femme se serait souvenue plus facilement de son mari. Ça semblait invraisemblable. Elle pense aussi que le film lui-même était trop beau, trop «américain», c'est-à-dire qu'il laissait très peu de place pour l'imagination des spectateurs.

4 Grammaire
(Self-study booklet page 16)

A   Ce qui, ce que
   i   Ce qu'
   ii   Ce qui
   iii Ce qui
   iv   Ce qu'

B   Le passif
   i   Le repas a été fini
      On a fini le repas
   ii   La décision a été prise
      On a pris la décision (La décision s'est prise)

5 Grammaire : les verbes impersonnels
(Self-study booklet page 16)

a   Comme il pleut, il vaut mieux rester à la maison.
b   Il manque une photo.
c   Il s'agissait de l'Affaire Dreyfus.
d   Il serait préférable d'/il vaudrait mieux aller au cinéma.

6 Le Centre Pompidou
(Self-study booklet page 17)

a   – l'enrichissement du patrimoine culturel de la nation
   – favoriser et diffuser la création artistique
   – informer et former le public
   – la présentation des collections permanentes du Mnam-Cci (Le Musée national d'art moderne-Centre de création industrielle), dont les domaines de compétence recouvrent :
   – la peinture et la sculpture historiques et contemporaines
   – le dessin
   – la photographie
   – le design et la communication visuelle
   – l'architecture
   – le cinéma expérimental
   – la vidéo
   – les nouvelles technologies sous les formes suivantes:
   – les expositions
   – la lecture publique
   – le spectacle vivant (théâtre, danse, musique)
   – le cinéma
   – les colloques et débats
   – les éditions
   – un centre de documentation spécialisé

   et la garde :
   – des collections d'œuvres d'art de 1905 à nos jours appartenant à l'Etat
   – des nouvelles collections de design et d'architecture
   – la mise à disposition des départements et organismes associés d'un ensemble de moyens tels que :
   – l'informatique
   – les prestations audiovisuelles
   – la communication

7 Vocabulaire
(Self-study booklet page 17)

le cinéma : tourner un film, les tournages, les coulisses, diffuser un film, monter la production d'un film, le cinéma d'auteur, un réalisateur, le son synchrone, etc

la peinture : la touche, l'impressionnisme, exposer des toiles, les audaces picturales, composer des tableaux, le modelé en clair-obscur, le support, etc

l'architecture : faire construire, préserver les traces du passé, la conservation, monumentaliser, un monument dédié à la mémoire de…, etc

la culture : les connaissances, être cultivé, la connaissance de soi, la communication…à la portée de…, approfondir (ses) connaissances et (son) appréciation culturelle, le développement (par l'esprit), etc

8 **Candide ou l'optimisme**
(Self-study booklet page 17)

a de l'humour :
- le contraste ironique entre le passé de tous les membres de la petite société et leur présent, dont ils sont tous mécontents ;
- leur ennui et leur mécontentement face aux souffrances des autres qui passent sous leurs fenêtres ;
- l'absurdité de la constatation de la vieille : «...lequel est le pire...ou bien de rester ici à ne rien faire.»
- la réponse naïvement insuffisante de Candide à la vieille qui vient de dresser une liste choquante de souffrances («C'est une grande question,» dit Candide) ;
- le langage simplifié et le style moderne (commentaire ironique et laconique/concis) de Voltaire en traitant des questions choquantes et stupéfiantes
- les discours ridicules de l'absurde «philosophe», Pangloss ;
- le contraste ironique de la description de Cunégonde : («..bien laide; mais elle devint une excellente pâtissière»);
- le langage employé par Voltaire (voir ci-dessus) : «...grands coups de pied dans le derrière...» etc et son style ironique.
- des souffrances : les exilés, les têtes empaillées ; les souffrances racontées par la vieille ;

b Voltaire a écrit ce conte dans un style de journaliste/commentateur ironique (détaché) et de philosophe
(**Exemples** : voir ci-dessus)

8 Au courant pages 18–19

2 ⌒ Le groupe Psy
(Self-study booklet page 18)

a Elle répond aux questions de la part du groupe.
b Pierre.
c Les Asiatiques ont beaucoup de goût (selon Pierre); leur clip est passé sur une chaîne locale et ça a bien marché.
d C'est le titre d'une de leurs chansons.
e Une star locale/le cinéma a repris la chanson.

3 ⌒ Vivre sans télévision
(Self-study booklet page 18)

a
i Elle est privée de quelques films intelligents et reportages intéressants ; son ignorance totale de l'actualité.
ii Ils apprécient son goût aigu pour la lecture mais ils recommandent quand même à la classe des émissions culturelles et films historiques qu'il lui est impossible de voir.
(+ son ignorance totale de l'actualité)
iii Qu'ils ne croient qu'on ne puisse pas vivre sans télé.
iv Elle ne s'ennuie pas ; elle lit beaucoup ; elle écoute de la musique ; elle fait un peu de sport ; elle étudie ; sa vie n'est pas centrée autour de la télévision.

4 Vocabulaire
(Self-study booklet page 19)

a i Une (n.f fam): première page d'un journal (*the front page*)
ii Manchette (n.f): titre en gros caractères en tête de la première page d'un journal (*headline*)
iii Le gros titre (loc. nom.m): titre en gros caractères en tête de la première page d'un journal (*headline*)
iv Le sous-titre (n.m): titre secondaire d'un texte placé sous le titre principal ou titre donné à une partie d'un texte (*subheading*) un inter-titre
v Colonne (n.f): chacune des sections verticales qui divisent une page (*column*)
vi Le préambule ou chapeau (n.m): paragraphe court, placé sous le gros titre qui résume les points principaux de l'article (*preamble*)

b 1 le gros titre ou la manchette
2 le préambule/chapeau
3 la colonne

c le direct – *live television*
le différé – *recorded programmes*
le ralenti – *slow motion*
le duplex – *simultaneous broadcast*
zapper – *to channel hop/switch channels*
les écrans publicitaires – *adverts*
ludique – *to do with games*
l'audimat – *TV audience*
la télé interactive – *interactive television*
le câble – *cable television*

5 Grammaire : pronoms relatifs
(Self-study booklet page 19)

a qui
b laquelle
c Ce qu'
d où
e lequel, ce qui
f que

7 ⌒ Pubs à la radio
(Self-study booklet page 19)

a Traveller chèques (American Express) ; Parfum pour hommes (de Givenchy) ; un moyen de payer moins quand on voyage en train ; des produits pour bronzer ; la souris Microsoft.

9 Terre, où est ton avenir ? pages 20–21

2 Elise et Philippe, ironiques
(Self-study booklet page 20)

a

Phrases	définition
Comment eux sont-ils arrivés là ?	1
Pourquoi n'ont-ils pas eux-mêmes amené de l'aide ?	1
Il paraît que les Droits de l'homme existent aussi au Brésil	2
Suis-je du même peuple que ceux qui ont fait ça ?	1

3 Grammaire : le passif/éviter le passif
(Self-study booklet page 20)

a i On considère toujours les risques d'un accident./
      Les risques d'un accident se considèrent toujours.
   ii On laissera la gestion de ces décharges nucléaires
      aux générations futures.
   iii On avait demandé l'arrêt des exportations de toute
      technologie nucléaire à des fins militaires.
b i On m'a demandé de parler.
   ii On a dit aux enfants d'utiliser du papier recyclé.
   iii On lui a téléphoné hier soir.
   iv On a demandé aux automobilistes d'utiliser les
      transports en commun.
   v On a donné des exemples des changements de
      climat.

4 La centrale, on finit par l'oublier !
(Self-study booklet page 20)

a iv
b i
c viii
d vi
e ix
f vii
g iii
h v
i ii

5 Comment cela se dit en français ?
(Self-study booklet page 21)

a soixante-sept mille bouteilles vides ont été dénombrées
b un gâchis effroyable
c chacun d'entre nous
d pour mettre fin à ce gaspillage
e plusieurs poubelles sont mises à la disposition des
   habitants
f d'ici quelques mois
g tirer la chasse d'eau consomme…

6 La sécheresse au Sénégal
(Self-study booklet page 21)

La forêt meurt

7 Contrôle de vocabulaire
(Self-study booklet page 21)

a

les ampoules	light bulbs
le goudron	tar
supprimer	to wipe out, suppress
une opacité	transparency, hole
entraîner	to lead to, involve
subir	to suffer, undergo
ravitailler	to feed
l'énergie thermique	thermal energy
des combustibles	fuels
l'épuisement	exhaustion

b

waste	les déchets
struggle	la lutte
disappearance	la disparition
energy policy	la politique énergétique
to sort out rubbish	trier les déchets
a balance	un équilibre
drought	la sécheresse
the ozone layer	la couche d'ozone
lack	le manque
level	le niveau

10   Sur un pied d'égalité ? pages 22–23

1   Les stéréotypes ont la vie dure
(Self-study booklet page 22)

a **i** Les hommes et les femmes ont les mêmes opinions sur beaucoup de choses.
    ii Dans une maison, le travail tel que le nettoyage, la lessive, le repassage.
    iii en tenant compte de la même sorte de travail et la connaissance et les capacités nécessaires pour le faire
    iv des formes de travail que les hommes ne voudraient pas faire
b **i** l'uniformisation croissante
    ii le départage
    iii on est encore pris
    iv ce qui est synonyme de sous-paiement

2   ∩ Un autre metier moins traditionnel
(Self-study booklet page 22)

Jérôme is currently studying to become a secretary. He is in his second (final) year of a course leading to a diploma. His studies include office practice and languages. He has about thirty hours of classes per week. In addition to the foreign languages, he has to study management law and secretarial skills. There are also practical work placements during the course and he is about to start the second placement.

He chose this career because since the age of 14 he always wanted to do something out of the ordinary. He enjoys working with computers and speaking foreign languages.

He wanted to get into work quickly and become independent. We sense also that by doing so he would help his divorced mother and his four sisters. He recognised that he was not 'university material' and that he felt he might be more secure in a structured working environment. He believes that the practical diploma (BTS) which he will obtain will be more valued by future employers than a two-year certificate in higher education (DEUG).

He is a bit apprehensive about future employment. He has already started looking for a job but is a bit worried about sexism in France. He suspects that the fact that he is a man seeking work in what is traditionally a 'female' career may not be so easy. If he has problems, he may go to England to look for work.

3   ∩ Si seulement j'avais su..
(Self-study booklet page 22)

a Si seulement j'avais su, j'aurais mangé.
b Si seulement j'avais su, j'aurais étudié davantage.
c Si seulement j'avais su, j'aurais téléphoné à la police.
d Si seulement j'avais su, j'aurais trouvé une autre route.
e Si seulement j'avais su, j'aurais fait attention.
f Si seulement j'avais su, je serais allé(e) le voir à l'hôpital.
g Si seulement j'avais su, je serais arrivé(e) à l'heure.
h Si seulement j'avais su, je serais venu(e) au concert avec toi.
i Si seulement j'avais su, je me serais levé(e) avant.
j Si seulement j'avais su, je ne me serais pas trompé(e).

4   ∩ Conjugaisons et interrogations
(Self-study booklet page 23)

a
Regardez la transcription.

b
Exemples des temps du verbe
Le présent ; 14
(elle ne revient pas ; je ne crois pas (× 2) ; tu es (× 2); tu n'es pas ; ils s'en vont ; ils vont ; ils viennent ; ils partent ; ils reviennent ; il ne reviennent pas ; je pars ; tu pars)
Le futur simple ; 12
(j'irai (× 2) ; je n'irai pas (× 2) ; je reviendrai (× 3) ; je ne reviendrai pas (× 2) ; je partirai ; reviendrai-je ; elle reviendra)
Le futur immédiat (aller plus l'infinitif) ; 3
(nous allons partir (× 2) ; nous allons rester)
Le passé composé ; 2
(elle est partie (× 2))
L'imparfait ; 5
(je partais (× 2) ; je ne partais pas ; je ne revenais pas ; je restais)
Le présent du conditionnel ; 2
(ils reviendraient ; ils partiraient)
Le passé du conditionnel ; 1
(serais-je déjà parti)
Le présent du subjonctif ; 1
(qu'elle revienne)

11 Citoyen, citoyenne pages 24–25

1 ∩ L'opportuniste
(Self-study booklet page 24)

b communisme, socialisme, capitalisme

2 ∩ Exercice de prononciation : les sons en '-tion'
(Self-study booklet page 24)

a révolution, institutions, manifestations, collaboration
c le mot qui manque = SOLUTION

3 ∩ La politique des jeunes
(Self-study booklet page 24)

a faux
b faux
c vrai
d faux
e vrai
f faux

4 Grammaire : aux stylos, citoyens !
(Self-study booklet page 24)

b i est arrivé ; abreuve
  ii (*any two from*) de, contre, dans, jusque, aux ;
     mugir, égorger ; (*any 2 from:*) allons, (aux armes),
     formez, marchons
  iii sanglant, féroces, impur ; (*any 3 from:*) est levé,
     entendez-vous, ils viennent, abreuve
  iv nos bras, nos fils, nos compagnes, nos sillons

5 Eurobaromètre : la confiance en Europe
(Self-study booklet page 25)

a
i quand on leur a demandé leurs opinions
ii des affirmations qui représentent l'Union Européenne
iii les aspects généralement considérés comme
   défavorables
iv se montrent aussi positifs
v les bénéfices de l'U.E.
vi apportera plus de chômeurs

6 Le vocabulaire – par couples
(Self-study booklet page 25)

vote (n.m) voter (vb.inf)
promesse (n.f) promettre (vb.inf)
abolition (n.f) abolir (vb.inf)
économie (n.f) économique (adj) économiser (vb.inf)
individu (n.m) individualisme (n.m) individuel (adj)
développement (n.m) développer (vb.inf)
conscience (n.f) conscient (adj)
corrompu (adj/ part.passé) corruption (n.f)
emploi (n.m) employé (n.m) employer (vb.inf)
privé (adj/part.passé) privatiser (vb.inf)

7 Quiz
(Self-study booklet page 25)

a Any ten from:
  Irlande, Royaume-Uni, Suède, Danemark, Finlande,
  Allemagne, Luxembourg, Pays-bas, Belgique, France,
  Espagne, Portugal, Italie, Autriche, Grèce.
b Any four from: RPR, UDF, FN, PS, PCF, Radical,
  Génération Ecologie, Les Verts
c L'Assemblée Nationale
d Le Sénat
e Leonardo da Vinci, COMETT, PETRA

8 Les femmes députés
(Self-study booklet page 25)

a Les Français d'origine arabe.
b Parce qu'elle a été élue député européen.
c Désaccord avec le système de représentation
  politique.
d On a essayé de les persuader de poser leur
  candidature aux Elections législatives.
e Peu de jeunes se sont inscrits sur les listes électorales.
f Aux Suédois, à la Suède

12 La guerre et la paix pages 26–27

2 Grammaire : le passé simple
(Self-study booklet page 26)

a   i   faire
    ii avoir
    iii être
    iv venir
    v   voir
    vi tenir
b   i   Le quatrième bombardement a tué deux femmes.
    ii Il a pris une décision difficile.
    iii Je me suis plongée dans la tranchée.
    iv Les bombes tombaient.
    v   Pour ceux qui étaient les témoins, c'était affreux.

3 ∩ La Résistance en France
(Self-study booklet page 26)

a   F (le 10 juin)
b   V
c   F (ils étaient contre)
d   F (beaucoup de jeunes sont attirés)
e   V
f   F (beaucoup de complicité parce qu'il y avait moins d'Allemands)

5 L'OTAN
(Self-study booklet page 27)

L'Organisation du traité de l'Atlantique Nord continue à maintenir la sécurité de ses Etats membres. Tous les postes de commandement militaires d'importance sont entre les mains des Américains. Mais la France est un cas à part. Elle a décidé de garder le commandement de son armée. Un choix politique fait en 1966 par le général de Gaulle au nom de l'indépendance nationale.

6 ∩ Le nouveau service national
(Self-study booklet page 27)

a   Le service national aura pour but de moderniser l'armée : maintenir la paix, intervenir après les catastrophes naturelles.
b   Le service national offrira aux volontaires de véritables métiers.
c   La nouvelle armée française sera un mélange de militaires et de volontaires.

7 Grammaire : le discours indirect
(Self-study booklet page 27)

a   Un jeune a remarqué que c'était comme à la télé.
b   L'un des garçons a commenté qu'en fait ils étaient «cools» les militaires et qu'il croyait que ça allait être plus strict.
c   Un garçon regrette (regrettait) qu'il n'y avait pas de sport.
d   Le commandant a noté que ces tests permettaient de détecter l'illettrisme.

8 Comment réagir face aux revendications des nationalistes ?
(Self-study booklet page 27)

Memo: Ajaccio, 6 February 21.15: The French Administrator Erignac is shot dead with three bullets in the back of his head. The last time this happened was in 1943 when Jean Moulin was killed. A sad chapter for this proud Corsican people.

9 Contrôle de vocabulaire
(Self-study booklet page 27)

Traduisez en anglais :
le sommeil   *sleep*
envahir   *to invade*
lâcher   *to let go/drop*
un citoyen   *a citizen*
revendiquer   *to claim/demand*
un attentat   *an attack*
s'emparer   *to seize*
les impôts   *taxes*
s'entretenir   *to keep up contact*
sans relâche   *without giving up*

Traduisez en français :
to carry out   *effectuer*
a military target   *un objectif militaire*
the crowd   *la foule*
to be warned   *être prévenu*
to go for shelter   *se mettre à l'abri*
a trench   *une tranchée*
I was very upset   *J'ai été très ému(e)*
that made me very sad   *Cela m'a rendu(e) triste*
I remember having come back   *Je me souviens d'être*
from holiday   *revenu(e) des vacances*
to remain   *demeurer*

13 Ce que je crois pages 28–29

1 🎧 Le hasard du chiffre 7
(Self-study booklet page 28)

Monsieur Clancy **1** est né le septième jour de la semaine. Alors, **2** qu'y a-t-il de surprenant dans cela, direz-vous ? Eh bien, **3** attendez un peu. Monsieur Clancy est donc né le septième jour de la semaine mais c'est aussi durant le septième mois de l'année et, je vous la **4** donne en mille, la septième année du siècle. Mais ce n'est pas tout. Le chiffre sept l' **5** a poursuivi pendant toute son existence parce que cet Irlandais de Dublin **6** a eu sept frères. Il **7** était le petit dernier, c'est-à-dire le septième des garçons. C'est tout de même étonnant. Alors, attendez encore un tout petit peu. Je **8** résume : Monsieur Clancy est donc né le septième jour du septième mois de la septième année de ce siècle, il a eu sept frères et il est le septième de la famille. Et son père, oui, oui, oui, ce n'est pas tout : son père, **9** disais-je, était, lui-même, le septième fils d'une famille de sept enfants… le jour de son vingt-septième anniversaire, il **10** s'est rendu sur un champ de course. Après tout, cet homme-là **11** avait des raisons d'être superstitieux. Il **12** a joué le cheval placé dans la septième case de départ, un cheval qui **13** courait, bien entendu, dans la septième course. Un cheval, le hasard encore, qui était coté sept contre un. Et **14** devinez ce qui est arrivé. Le pur sang **15** a gagné ? Eh bien, non ! Pas du tout. Il **16** est arrivé septième. Oh, j'oubliais, ce fameux cheval **17**…… 'Septième Ciel !'

b Le chiffre 7 lui a apporté malheur.

2 🎧 Destin ou coïncidence ?
(Self-study booklet page 28)

a **i**, **iv** et **ix** : faux
b **i** On sait comment James Dean a trouvé la mort.
   iv Il s'est fait écraser la jambe par la Porsche.
   ix On a fini par perdre les restes de la voiture en la ramenant à Los Angeles.

4 Gare aux sectes !
(Self-study booklet page 29)

Several 'contacted' groups, to their annoyance, have been officially deemed not 'minority religions' but sects, a decision welcomed by anti-brainwashing experts. Claude Vorhilon's 'Raëlites', the largest such sect, claims contact with the Elohim, extra-terrestrials whose visit to Earth it is his mission to organise. He is collecting donations for an embassy in outer space and a human cloning centre – in the Bahamas. (62 words)

6 Grammaire : les pronoms
(Self-study booklet page 29)

a Pronoms au sujet :
Elles, il, il, il
Pronoms à l'objet direct :
Les, les, se, se, l', s'

Pronoms à l'objet indirect :
lui

b L'ordre des pronoms
je, il, nous, elles
te, vous
la
leur
en

c Possible : (La tradition ?) En France, on la considère comme partie essentielle de la vie. (Quant aux fêtes,) j'y pense surtout en été, il y en a tant un peu partout en France pendant les grandes vacances.
(A mes parents?) Je leur ai déjà dit.
(Pour ce qui est du paranormal,) ils en parlent tout le temps, ce qui m'énerve énormément.
(Les sectes) on les trouve partout mais il y en a beaucoup aux Etats-Unis.

7 Vocabulaire
(Self-study booklet page 29)

les superstitions : le noir (symbole de la mort), le Pain du Bourreau, les chats noirs, la sorcellerie, l'astrologie, la réincarnation etc.
les fêtes/festivals en France : la Fête nationale, les Pardons, la Toussaint, l'Epiphanie, (la Fête des Rois), Ascension, Pentecôte, etc
les Pardons de Bretagne : (commerce des) indulgences, dévotions, pèlerinages, office en plein air, procession, évêque pardonneur, etc
les religions minoritaires en France : islam, musulmans, hindouisme, judaïsme, juifs, (athéisme), (agnosticisme) etc
le paranormal : les OVNIS (objets volants non identifiés), les extra-terrestres, les soucoupes volantes, phénomène, le diable, etc.

14   Qui juge ? pages 30–31

1 ⌒ Les animaux au cirque et au zoo
(Self-study booklet page 30)

a   Au fait que les hommes profitent des animaux/pour monter des spectacles.
b   On les fait tourner sur une piste/les fait obéir à des heures fixes/les fait porter des vêtements ridicules/et les forcent à sauter dans des cerceaux enflammés.
c   Dans la mesure où, quand ils ne sont pas sur la piste les éléphants restent enchaînés/les chevaux sont enfermés dans des écuries/les chiens, les lions et les tigres sont emprisonnés dans de petites cages.
d   Ils ont fait un effort/pour reconstituer un environnement/plus proche de l'habitat naturel des animaux.
e   Sur le plan des programmes de reproduction/qui réussissent.
f   On a fait de fortes protestations/à cause des recherches réussies des laboratoires des zoos.

2 ⌒ Jeune conductrice
(Self-study booklet page 30)

a   Dans la mesure où elle ne conduit pas depuis longtemps.
b   'leaving the scene of a crime/hit-and-run'
c   Un cent (6 centimes) et 1 000 ans pour payer.

3 ⌒ Rodéo record
(Self-study booklet page 30)

Possible questions :
De qui/quoi s'agit-il ? Quel record est-ce qu'ils ont battu ? Ils ont/avaient quel âge ?
Combien de forfaits/etc est-ce qu'ils ont commis ? En combien d'heures ? Pendant combien d'heures les deux agresseurs ont-ils terrorisé les communes ?
Par où ont-ils commencé leur 'rodéo' record ?
Qu'est-ce qu'ils ont volé ?
Et par la suite ?
De quelle manière ont-ils traité leurs victimes ?
Pourquoi est-ce qu'ils ont tabassé les deux gamins à Vincelottes ?
Quand ont-ils attaqué les autres commerces ?
Qu'est-ce qu'ils ont fait après avoir agressé l'automobiliste à Escolives ?
Jusqu'à quelle somme ont-ils glané ?
Qu'est-ce qui a contribué à leur conduite selon Joseph ?
Qu'est-ce qu'il prétend, Joseph ?
Et quant à Teddy, qu'est-ce qu'il a pu expliquer à la police ?
Qu'est-ce que le juge leur a fait ?

4 ⌒ Prononciation, intonation, liaison
(Self-study booklet page 31)

a   Les terminaisons qui ne se prononcent pas :
– ils + -ent ;
– les consonnes non suivies d'une voyelle, en particulier les noms au pluriel/qui se terminent par -s (vols, temps, forfaits, compères, alors, tous, villages (nota = exception !), alentours, voitures, occupants, puis, gamins, mobylettes, plus, commerces, attaqués, quelques, bouteilles, agresseurs, ans.
– les 'e' muets, bien sûr (livre, violence, nombre, course, violence, commence, automobiliste, mettre, véhicule, encore, fuite).
b   La liaison :
– en/un ; trois/heures ; ils/écument ; leurs/occupants ; sont/attaqués ; ils/agressent ; ils/ont ; trois/heures ; dit/avoir ; tout/oublié ; quant/à ; est/encore ; deux/agresseurs ; ont/été ; deux/ans.
c   L'accent tonique est mis régulièrement sur la dernière voyelle prononcée en français.

5 Grammaire : les temps composés
(Self-study booklet page 31)

Joseph a dit qu'il avait tant bu qu'il n'aurait pas pu mettre feu à un véhicule. Teddy avait eu l'idée de voler une voiture à Auxerre. Après cela, il a constaté qu'il ne se souvenait plus de rien. Il a dit que, s'il s'était attaqué à quelqu'un pendant qu'il était ivre, il le regrettait – s'il n'avait pas été saoul/ivre il n'aurait jamais frappé quelqu'un.

Teddy aura commis d'autres crimes mais la police l'aura sans doute attrapé et l'aura (déjà) accusé.

15 Demain déjà ? pages 32–33

1 Attendez un peu !
(Self-study booklet page 32)

a jusqu'à ce que tu prennes
b à condition que tu me la rendes
c sans qu'il y ait
d avant que l'enfant ne meure
e quoique les hommes politiques soient
f afin que l'on connaisse

2 ∩ Les raisons d'être optimiste ou pessimiste
(Self-study booklet page 32)

a Attendez un peu que je réfléchisse.
b Je crois que ça va être dur… qu'il faudra se battre.
c On n'arrête pas de parler du chômage et de la crise économique.
d De plus, il semble que les grandes puissances soient bien impuissantes pour imposer des solutions nécessaires.
e Bien qu'ils soient souvent opportunistes, les hommes politiques semblent peu à peu faire face à leurs responsabilités un peu plus qu'auparavant.
f Je ne suis ni optimiste, ni pessimiste, mais prudente et réaliste.

3 Exercice de vocabulaire
(Self-study booklet page 32)

l'eau ;	(f.)	aquatique
l'enfance ;	(f.)	enfantin
l'été ;	(m.)	estival
l'inconscience ;	(f.)	inconscient
l'ombre ;	(f.)	ombragé
l'univers ;	(m.)	universel(-elle)

4 ∩ Maturité
(Self-study booklet page 32)

b Les influences possibles du paysage marin sont : l'eau, le sel, le soleil, la tempête, la mer comme une barque à me naviguer sur le cœur, il y avait les plages… de l'été

5 Au contraire ! La negation
(Self-study booklet page 33)

Réponses suggérées
a Je n'ai écrit à personne.
b Elle n'a aucune chance de réussir aux éxamens.
c Il n'insiste plus là-dessus.
d Rien ne me plaît dans ce magasin.
e Personne n'était à la discothèque.
f Je ne vais jamais essayer de faire de mon mieux.
g Il n'est ni gentil ni compréhensif.

6 Pratique de la négation : jamais plus rien
(Self-study booklet page 33)

a Non, je ne lui ai jamais parlé.
b Non, je ne la regarde plus.
c Non, je n'y suis jamais allé(e).
d Non, je n'ai rien compris.
e Non, je n'ai rien dit à personne.
f Non, je n'en veux plus.

8 ∩ La machine est mon amie
(Self-study booklet page 33)

Cherchez-les dans la transcription !

9 ∩ A l'écoute : réflexions sur le progrès
(Self-study booklet page 33)

Elise worries that genetic engineering will lead to human cloning but she recognises the benefits of producing genetically modified crops to combat world famine. Space exploration is a continuation of mankind's desire to discover places but the idea of living on another planet seems to her rather limiting, even old-fashioned. In future, people will have short-term employment because of the introduction of technology in the work-place. Medical advances mean that more lives are saved but she is worried about the quality of life of babies malformed at birth who are now able to be kept alive. (99 words)

Acknowledgements

The authors and publishers wish to thank the following for use of copyright material:

1 Il faut vivre sa vie !

'Pour nos enfants, nous sommes casse-pieds' from *Famille Magazine* 7/98; 'Je me demande si je ne vais pas envoyer mes parents en colo cet été' by Antoine Chereau, *Famille Magazine* 7/98; *Fais pas ci, fais pas ça*, authors Jacques Lanzmann and Anne Segalen, composer Jacques Dutronc, 1964, Editions Musicales Alpha (administered by Windswept Music Ltd, London); 'Justice' by Deligne, *Réponse à tout !*, 8/96

2 Entre toi et moi

Ami cherche ami by Francis Cabrel, Warner Chappell; 'Etes-vous influençable?' and 'Je te jure …' from Okapi, No. 615, Bayard Presse; 'Métiers à risque' from *Francoscopie* 1997, Gérard Mermet, Larousse, Paris; 'Couplets de la rue Saint-Martin' from Etat de Veille in *Destinée Arbitraire* by Robert Desnos, Editions Gallimard

3 Une école pour la réussite ?

La leçon buissonnière, Guy Thomas-Jean Ferrat, 1972, Productions Alléluia/Disques Temey, Paris

4 En pleine forme

Volet fermé by Dick Annegarn, Warner Chappell; 'Inspirez ! Expirez !' by Wolinski

5 Evasion

L'Autostop, Maxime Le Forestier-Don Burke, Editions Coïncidences

6 Gagner sa vie

'Le billet gagnant de la loterie….' and 'C'est vous Juan' from *Marianne* 10/8/98; *La chanson des restos du cœur*, Les Restaurants du Cœur; 'Je voudrais travailler cet été' from *Réponse à tout !* 6/92

7 Il faut cultiver notre jardin

'Claude Berri tourne Germinal' by Marlène Amar from Télérama No. 2248; 'Le Centre Pompidou' from www.centrepompidou.fr 3/00

8 Au courant

'Nouveau Quotidien' from *Actualquarto-Junior* No. 10; *Animale-moi* by Psy, Editions BMG; 'Télémaniaque' from Téléloisirs; 'Vivre sans télévision' from *Phosphore*, Bayard Presse, No.122; Radio advertisements, American Express, Givenchy, Voyages Wasteel, Monoïque Tahiti, Microsoft; 'Axe-Atlantis' advertisement, Givenchy, Unilever

10 Sur un pied d'égalité ?

'En tous cas, moi…' *Dossier-Presse Actualquarto* No. 82; 'Les stéréotypes ont la vie dure' by Véronique Mahé, Quo No. 21; *Conjugaisons et Interrogations*' by Jean Tardieu, Editions Seghers; *Banlieue*, Karim Kacel, Cézame Argile, Paris

11 Citoyen, citoyenne

L'opportuniste, Jacques Dutronc, Windswept Pacific*; 'Eurobaromètre' from www.europa.eu.int

12 La guerre et la paix

Le chant des partisans, performed by Yves Montand (original poem by Maurice Druon and Joseph Kessel), music by Anna Marly, © Editions Breton; 'Le nouveau service national' from *Phosphore* hors-série *Comprendre l'actualité* 98/99, Bayard Presse; 'Comment réagir face aux revendications … ?' from www.parismatch.com/archives

13 Ce que je crois

'Gare aux sectes !' from *Phosphore* No. 195, Bayard Presse; *Qu'y a-t-il après?*, Yves Duteil, Les Editions de l'Ecritoire, 1985

14 Qui juge ?

'Dignité respectée ou survie rassurée', Société Nationale pour la Défense des Animaux; 'Rodéo record' from *Marianne* 14/9/98; *Le pas des ballerines*, Francis Cabrel, Chandelle Productions, Paris

15 Demain déjà ?

'Maturité' by Denise Jallais, Librairie St Germain des Prés; *La machine est mon amie*, de Larochellière/Perusse, 1991, by kind permission of Universal Music Publishing Ltd.

Photographs

Donna Day/Stone p. 4; David Simson p. 8; Ici et Là, Ile de Noirmoutier magazine mars/avril 99 p. 12; Guild Film Distribution/Ronald Grant Archive p.16; Selby Mc Creery/Corbis UK Ltd p. 17; Adam Woolfitt/Corbis UK Ltd p. 20; Chris Rainier/Corbis UK Ltd, p. 21; John Philips/Photofusion Picture Library p. 22; Sygma p.25; Broderick, Hulton-Deutsch Collection/Corbis UK Ltd page 26; Agence France Presse p. 27; Bettmann/Corbis UK Ltd p. 28; Redferns p. 29; Hulton Getty Picture Collection Ltd. P.30; Zed Nelson/IPG/Katz Pictures p. 31; Morton Beebe, S.F./Corbis UK Ltd p. 33.

Illustrations

Bernard Thornton, Art Construction, Josephine Blake and Shaun Williams

The authors and publishers would also like to thank France-Inter and l'Institut National de l'Audiovisuel for permission to use recordings and transcripts.

Every effort has been made to trace all copyright holders, but where this has not been possible the publisher will be pleased to make any necessary arrangements at the first opportunity